## O que as pessoas estão falando sobre o programa de enriquecimento/mentoria matrimonial: "Vivendo *felizes para sempre*"

O enriquecimento qualitativo de um casamento ocorre através de esforço e dedicação. Porém, tendo um coach de casamento ou um mentor trabalhando com você e seu conjugue permite que vocês foquem no que precisa ser feito e atuem em cima disso! O caderno de tarefas- programa de mentoria de Ed e Angie Wright é único e pode transformar seu casamento "morno" ou fracassado em uma troca dinâmica de dois indivíduos cujo casamento não somente é enriquecido, mas também é bem-sucedido. Vai bem além do simples "Leia meu livro"- frase de muitos autores, este programa investe na interação de mentores e casais. Eu apoio de coração "Vivendo *felizes para sempre*". É um livro vencedor, que trará intimidade para seu casamento, comunicação, crescimento e a bênção de Deus.

**Harold J. Sala**, Ph.D , fundador e presidente de *Guidelines International*

Ed e Angie Wright têm uma paixão por casamentos que chega a ser contagioso. Enquanto seu próprio casamento não tem sido perfeito, você vê a linda história de duas pessoas comprometidas com Deus e com eles próprios. Em "Vivendo *felizes para sempre*" eles oferecem excelentes pensamentos em detalhes que transformaram o casamento deles de bom para maravilhoso. Você irá aproveitar essa jornada.

**Shannon Primicerio**, autora, palestrante e professora de estudos bíblicos

Eu recomendo "Vivendo *felizes para sempre*" e sugiro que TODOS os casais o utilizem independentemente de quanto tempo estão casados! Ed e Angie abordam as dinâmicas mais importantes para maridos e esposas aprenderem e praticarem. Eles apresentam informações essenciais e construtivas e o fazem de forma interessante, fácil de acompanhar na leitura e mostram a relevância atemporal do tema. Esse manual irá ajudar casamentos, pessoas a glorificarem a Deus através da verdade e obediência na Palavra e ajudar casamentos a se tornarem mais prazerosos da forma como Deus deseja!

**Scott Meacham**, M.A.B.S., M.A., PsyD (ABD), Pastor licenciado/Conselheiro certificado

É muito fácil para um conselheiro matrimonial palpitar biblicamente em filosofia secular ou em questões que nunca viveu na realidade. Mas eu tenho observado Ed e Angie e fico impressionado com a fidelidade que eles têm da Bíblia e a qualidade do casamento deles. Eles praticam o que pregam, e isso tem proporcionado a eles um casamento forte que os auxilia para ajudar outros casais a crescerem também.

**Clay Jones**, D .Min., M.Div., Professor associado de Apologética Cristã, Biola University

Todos nós queremos um casamento cheio de alegria e paz. Esse também é o plano de Deus para o casamento. Nós nos aproximamos desse objetivo quando colocamos Ele no centro de nossa relação matrimonial e usamos a Palavra Dele para nos guiar. Em "Vivendo *felizes para sempre*", Ed, Angie e Kathy Jo têm combinado a Palavra de Deus com exemplos reais e dicas práticas que irão ajudar os nossos casamentos. Eu alegremente recomendo esse manual a qualquer casal que queira caminhar em direção a uma relação que honre mais a Deus.

**Tom Atkins**, Pastor de casais e grupos pequenos, Igreja Saddleback

"Vivendo *felizes para sempre*" é um livro que você precisa ter, é para todos os casais casados ou que pensam em casar. Esse manual contém ferramentas para guiar casais que querem ser bem-sucedidos e também previne do divórcio. Eu estou empolgado por participar desse material como parte de nosso programa The Crossing e eu clamo para que as outras igrejas façam o mesmo.

**Randy Moraitis**, MA, BCPC, Pastor executivo do Ministério *The Crossing Church*, Diretor credenciado do conselho pastoral.

MARRIAGE BY GOD é um ministério pertencente a *Guidelines International Ministries*, Mission Viejo, California

**"Vivendo *felizes para sempre*": Guia dos mentores**
Copyright © 2012,2015 por Ed Wright.

Todos os direitos reservados. Nenhuma parte desta publicação poderá ser reproduzida, armazenada em sistemas de recuperação ou transmitida de nenhuma forma ou meio – eletrônico, cópia, gravação ou outro
Dúvidas ou comentários deverão ser enviados para o e-mail angie@marriagebygod.org

Toda a citação bíblica provém da Bíblia Sagrada, *New International Version*, copyright © 1973,1978,1984 por *International Bible Society.*

*Capa fotografada por Gavin Wade Photographers, Orange County, CA.* http://gavinwadephoto.com

# Sumário

**Introdução à mentoria matrimonial**

Sessão I
- Capítulo 1: Um inventário de seu casamento
- Capítulo 2: Linguagem do Amor
- Capítulo 3: A liberdade do perdão

Sessão II
- Capítulo 4: Colocando Cristo no centro de seu casamento
- Capítulo 5: Desenvolvendo um casamento com propósito
- Capítulo 6: Achando a doçura em seu casamento

Sessão III
- Capítulo 7: Diferenças de personalidade
- Capítulo 8: Diferenças entre homens e mulheres
- Capítulo 9: As linguagens do amor

Sessão IV
- Capítulo 10: Famílias
- Capítulo 11: Comunicação
- Capítulo 12: Resolvendo conflitos

Sessão V
- Capítulo 13: Intimidade emocional
- Capítulo 14: Intimidade física
- Capítulo 15: Protegendo seu casamento do adultério

Sessão VI

Capítulo 16: Finanças

Capítulo 17: Metas de casamento

Capítulo 18: Mantendo a chama acessa

# *Introdução à mentoria matrimonial*

*Assim como ferro afia o ferro, o homem afia seu companheiro. - Provérbios 27:17*

### Visão geral do programa

Parabéns pela decisão de se tornarem um casal mentor para outros casados. Vocês foram selecionados porque expressaram um interesse no ministério e aparentam estar vivendo uma vida alegre, centrada em Cristo com um casamento duradouro (dez anos ou mais).

Casamento não é fácil. Não tem como fugir disso. Porém, com os princípios bíblicos pertinentes e com o aconselhamento de cristãos que se importam com isso, a instituição do casamento se torna rica e abençoada por Deus, assim como Deus deseja. Este programa foi desenvolvido para apresentar aos casados como podem colocar Cristo no centro de seus casamentos. Ao longo do processo, vocês, como mentores irão compartilhar principios bíblicos e técnicas já testadas para cumprir com o verdadeiro e grande propósito que Deus tem para o casamento.

Seu objetivo como mentor não é solucionar os problemas do casal que está ajudando, mas equipá-los com as ferramentas necessárias para que eles resolvam seus problemas. Assim como fala no ditado: "Dê um peixe a um homem e você o alimentará por um dia. Ensine o a pescar e você o alimentará por toda a vida."

Esse programa foi desenvolvido para você encontrar com o casal por 6 sessões e guiá-los. Na preparação para cada sessão, o casal deverá ler os 3 capítulos que fazem parte de uma sessão e deverão responder as perguntas relativas. Cada cônjugue deverá fazer essa tarefa de forma solitária sem trocarem informações. Isso permite que haja sinceridade e espontaneidade durante as sessões. Também permite que haja um momento de mentoria bem sucedida.

A cada sessão, vocês- o casal de mentores- irão liderar o casal através de cada capítulo ao compartilharem as respostas das perguntas respondidas. Vocês devem encorajar, inspirar e assegurar o casal nas áres complexas. Vocês também estarão presentes para compartilharem honestamente o que Deus fez no casameento de vocês, a experiência que tiveram, os aprendizados adquiridos de um casamento centrado em Cristo. As notas no seu Guia do Mentor- Counselor´s Guide- irão ajudá-los a guiar o casal. É papel de vocês serem presentes para guiar, instruir, incentivar e desafiar o casal a tomarem boas decisões de mudanças em áreas que precisam de fortalecimento.

Pesquisas mostram que as pessoas mais felizes no mundo são casadas. Infelizmente, estudos também mostram que pessoas mais infelizes também são as casadas. Como pode ver, as apostas são altas. Quando cônjugues aprendem o projeto de Deus para o casamento, a instituição casamento se torna rica em bênços como Deus quer que seja.

Lembrem-se destes pontos ao guiarem o casal:

- Seja honesto e aberto com o casal e encoraje-os a serem também.
- Assegure que as informações compartilhadas são confidenciais.
- Sejam ouvintes.
- Sejam mais interessados do que interessantes. Tentem ouvir ao menos 70% e falarem não mais que 30%. Lembrem-se, esse é o momento deles- do casal- crescer.
- Demonstre com expressões faciais e contato visual que estão ouvindo e estão interessados.
- Tomem cuidado para não expressarem julgamento.
- A melhor coisa que há na mentoria de casais com casais é a diferença de como os homens e as mulheres sentem. Se você sente que há mais informação a ser exposta mas não foi exposta, você pode falar "Fale mais", ou "Eu sinto que você tem mais para falar, pode elaborar?" Isso é essencial em tópicos em que eles se sentem mais fechados ou com dificuldade de se exporem.
- Use afirmações tais como, "O que você acha da informação que seu conjugue expôs?" ou "Explique mais sobre esse assunto que você está tentando abordar."
- Seja um mentor de amor e consistente com os princípios de Deus da Palavra.
- Compartilhe insights relevantes quando for apropriado.
- Esteja atento ao que o seu casal está falando e na expressão corporal de cada um deles.

Vocês irão caminhar ao lado de seu casal, dando a eles amor incondicional de Deus ao ouvirem, não julgando, e compartilhando de sabedoria. A relação aberta, confidencial e acolhedora com vocês, irá permitir que seu casal fale sobre assuntos importantes, e até podem explorar áreas que eles costumam evitar. Todo o casal terá suas questões expostas. Ajudem e encorajem eles a crescerem em suas áreas de fraqueza e insegurança. Os ajudem em suas fraquezas, fortalecendo-as.

Embora este programa seja projetado para ser um programa de "bem-estar", em alguns momentos, questões virão à tona, é necessário tempo extra e atenção. Em casos raros, uma área de preocupação pode ser exposta (abusos, vícios, ódio, infidelidade, etc). Imediatamente traga isso para a atenção do pastor ou líder do Ministério.

## A bênção se propaga

Enquanto este programa é projetado para ajudar casados, existe também um bônus para vocês, o casal de mentores. Acompanhar casais irá fortalecer se próprio casamento. Ao instruir sobre o propósito de Deus para o casamento, vocês irão crescer em conhecimento, entender mais sobre viver uma vida centrada em Deus. Vocês também irão compartilhar princípios e técnicas com outros, que irá encorajá-los em sua vida com Deus no casamento. Finalmente, este programa irá ajudar cada casal envolvido a crescer em amor um pelo outro e a crescer profundamente no amor por Deus. Irão viver os maiores mandamentos de todos: amar a Deus e ao próximo.

# Sessão 1

Capítulo 1: Um inventário de seu casamento
Capítulo 2: Linguagens do Amor
Capítulo 3: A liberdade do perdão

**Antes de se conhecerem**

Seus objetivos para a primeira sessão serão:

- Se familiarizar e estabelecer a discussão aberta e honesta.
- Ser bom ouvinte.
- Estar alerta a expressão corporal do casal que normalmente expressa mais do que eles verbalizam.
- Identificar os pontos fortes do casal.
- Identificar os pontos de maior necessidade de crescimento.

Identificando os pontos fortes e os pontos de uma necessidade maior de crescimento do casal vai permitir que vocês personalizem o programa de mentoria.

Se vocês acharem um ou dois indivíduos fornecendo respostas rápidas às perguntas, pare após terem terminado, dando a eles um tempo para acrescentarem o que quiserem na resposta. Não tenha medo de permitir momentos de silêncio. Lembrem-se, o sucesso da mentoria está baseado na vontade de comunicar abertamente e honestamente com o próximo.

Aqui estão observações adicionais antes de iniciar:

- As perguntas do caderno de tarefas são imprimidas.
- A esposa deverá responder as perguntas ímpares e o marido os números pares, alternando.
- A cada semana é importante que leiam as notas do mentor para cada 3 capítulos, para entenderem cada pergunta e seu propósito no capítulo. Além disso, pode ser bom para vocês se familiarizarem com o conteúdo do capítulo do caderno de tarefas do casal.

# CAPÍTULO 1

## Um inventário de seu casamento

1. **Em uma escala de 1 a 10 (10 sendo a melhor nota), qual nota daria a seu casamento?**

   (As observações seguintes são para o mentor apenas.)
   Caso seu casal responda:

   **1 or 2:** A inscrição e entrevista previamente realizadas deverão sinalizar os casais que usarem 1 ou 2 como notas. O programa visa melhorar casamentos a beira de um desastre com esforço, contanto que o casal esteja comprometido em reconstruir sua relação.
   **3 ou 4:** Tenha certeza que o casal esteja comprometido inteiramente, investindo de coração no programa. Alerte que eles deverão se esforçar, mas não em querer mudar a personalidade do conjugue.
   **5 a 9:** A maioria de casais estarão nessa categoria de nota. Eles são candidatos perfeitos para o crescimento de um casamento bom para excelente.
   **10:** Fiquem preocupados se eles acharem que a relação deles não tem para onde melhorar. Com fé, eles concordarão que casamento é uma obra em progresso, e sempre há espaço para melhorias.

2. **O esforço que você investiu em seu namoro é maior do que o esforço investido em seu casamento?**

   Muitos casais refletem porque o casamento deles é um 5 se eles somente investem um 5 de esforço. Não é surpresa: quanto mais esforço fizer, melhor o resultado.

3. **O que você gostaria de ver Deus realizar através deste programa de mentoria? Seja específico.**
   Isso traz uma ideia do que almeja alcançar. Vocês concordam com o que o outro respondeu?

4. **Como se sente em relação ao divórcio?**
   Entender o que a Bíblia fala sobre divórcio é importante. Dois versículos nos mostram a opinião de Deus. Malaquias 2;16: "Eu odeio o divórcio, diz o Senhor, o Deus de Israel, e "o homem que se cobre de violência como se cobre de roupas", diz o Senhor dos Exércitos. Por isso tenham bom senso; não sejam infiéis." Mateus 19;6 "Assim, eles já não são dois, mas sim uma só carne. Portanto, o que Deus uniu, ninguém o separe."

   Embora a Bíblia permita o divórcio em certas situações (como adultério), o divórcio não deve nunca ser considerado a melhor saída. Casais devem sempre pensar em reconciliar como primeira opção. Casais que consideram o divórcio algo viável pensam assim geralmente quando o casamento não mais satisfaz uma das partes ou ambas.

   Divórcio não deve ser uma opção assim como também não deve ser uma ameaça para desestabilizar o conjugue.

**Na escala de 1 a 10, avalie a compatibilidade nas sete áreas abaixo:**
**1= não compatível**
**10= extremamente compatível**

| Área | Nota |
| --- | --- |
| Divertimento | |
| Amizade | |
| Finanças | |
| Família | |
| Perdão | |
| Futuro | |
| Fé | |

- Você possui alguma pergunta sobre o CAPÍTULO 1?

# CAPÍTULO 2

## Linguagens do amor

**1. Qual dos três tipos de amor precisa de mais crescimento em seu casamento? (Eros, filia ou ágape)?**

Manter os 3 tipos de amor acesos em seu casamento é importante. Facilmente nos tornamos preguiçosos ou complacentes em um ou mais áreas se não tomarmos cuidado.

Isso tem sido dito há anos, de formas diversas, mas muitos acreditam que a primeira coisa que a mulher quer de seu marido é ser apreciada e valorizada. A melhor forma de apreciar e valorizar a sua esposa é mostrando a ela e a outros o quanto ela é especial para você.

O maior desejo do homem é ser respeitado por sua esposa. A melhor forma de se fazer isso é ser sua maior fã. Isso precisa ser feito de forma particular e pública.

**2. Qual a frequência que seu conjugue fala para você "Eu te amo"?**

Você pode não ter crescido ouvindo as palavras " eu te amo", e você pode se sentir desconfortável em falar, mas é vital que você aprenda a dizer a seu conjugue frequentemente que você o ama. Manter o amor aceso é essencial. Tire vantagens de momentos especiais com seu conjugue para dar um abraço forte ou um beijo. Diga as palavras "Eu te amo" diariamente. Estes gestos simples mantêm o amor presente em seu casamento.

Além disso, uma pesquisa conduzida pela Associação Nacional de Comunicação afirmou que ouvir "eu te amo" de seu conjugue diminui o stress!

**3. Se você está tendo um dia ruim, como você poderá descontar em seu conjugue?**

Antes de mais nada, ore. Depois, converse de forma saudável com seu conjugue. Fale o que está realmente te atormentando, por exemplo: "Eu perdi minha consulta médica no dentista hoje" ou "Eu estou com tanto trabalho para fazer, estou frustrado/a e cansado/a."

Você também pode praticar a arte de superar esse sentimento ruim. Significa que mesmo que esteja passando por um dia frustrante, você irá agir de forma como reagiria se estivesse em um dia ótimo. Eventualmente, os sentimentos relativos aos dias maus se tornarão menos significantes e você provavelmente começará a ter dias melhores.

**4. Leia a passagem sobre amor em 1 Coríntios 13;4-8. Qual parte do amor descrito é mais desafiador para você demonstrar? Porque?**

A beleza do Cristianismo é aprender a amar como Deus ama. Poucas são as situações que testam esse amor, o casamento é radicalmente uma delas. O quão fácil é sentir-se esmagado pela definição de amor dada pelo apóstolo Paulo. É impossível demonstrar amor perfeito em todos os momentos para seu conjugue. Mas ao recebermos o amor de Deus, podemos amar o nosso conjugue com o amor transbordante de Deus. Podemos comunicar amor ao nosso conjugue de uma forma consistente, criativa e desinibida. O mundo não deixará de notar- e Deus será honrado!

5. **Liste dez coisas que você ama sobre seu conjugue.**

Mantenha a lista acessível e se refira a ela com frequência. Quando se sentir desencorajado sobre seu casamento, releia a lista de coisas que você ama em seu conjugue. Uma das ferramentas mais efetivas para vencer o desapontamento marital é substituir o pensamento negativo sobre seu marido ou esposa por um pensamento positivo (assim como os que estão na lista de coisas que você ama sobre ela/ele). Pesquisas mostram que nós focamos somente em uma emoção por vez: escolha amar.

- Você possui alguma dúvida sobre o CAPÍTULO 2?

# CAPÍTULO 3
## A liberdade do perdão

1. **Porque é importante perdoar seu conjugue?**

É importante perdoar seu conjugue porque perdão é a fundação de todo o Cristianismo. Deus nos amou tanto que enviou seu único filho para morrer por nós, para perdoar nossos pecados. Deus quer que a gente receba o perdão Dele e perdoe o próximo assim como Ele nos perdoou. Colossenses 3:13 diz: "Suportem-se uns aos outros e perdoem as queixas que tiverem uns contra os outros. Perdoem como o Senhor lhes perdoou."

A palavra em grego para perdão é *charizomai*, que significa " mostrar graça ou oferecer um perdão".

2. **Quando se perdoa uma pessoa, deve-se também confiar nela?**

Perdão e confiança são duas coisas completamente diferentes. Perdão é algo que você dá para o outro. Confiança é algo que a pessoa precisa conquistar. Deus nos chama a perdoar imediatamente todo aquele que errou, - mas isso não significa que imediatamente confiaremos na pessoa. Quando há uma quebra de confiança que pede por perdão, pode demorar um tempo para a confiança ser restaurada. Confiança é algo que precisa ser conquistada de volta- através de atitudes consistentes e tempo. Ao ler no capítulo, José imediatamente perdoou seus irmãos e até compreendeu e teve uma perspectiva grandiosa, José viu que Deus transformou em algo bom aquilo que seus irmãos fizeram de ruim. Porém, José testou seus irmãos antes de confiar neles de novo.

Deus quer que perdoemos com frequência e livremente, mas as vezes quando a confiança se quebra, é apropriado estabelecer limites até a confiança ser conquistada de volta. Compreender a diferença entre perdão e confiança é importante.

3. **Existe algo que precisa perdoar em seu conjugue? O que está limitando você a estender o perdão a ele/ela?**

Uns acham difícil perdoar; outros acham difícil pedir perdão. O que está no caminho entre você e o perdão? Quando você não clareia ideias sobre perdão em sua vida, você permite que elas ocupem espaços negativos em sua mente.

Não perdoar é como se envenenar, achando que estará machucando o outro. Pegue suas feridas e leve para Deus e pergunte se Ele pode te ajudar a perdoar.

Frequentemente, a cura pode ser atingida através da escrita de uma carta bem organizada (seja cuidadoso para não incluir partes negativas). Às vezes a cura pode ser alcançada simplesmente dando um abraço na pessoa e perguntando. "Podemos recomeçar? " Vire para Deus, o autor do perdão, e peça por fortalecimento e paz. Há liberdade no perdão.

4. **Existe alguma coisa que faz você sentir que não foi completamente perdoado pelo seu conjugue?**

Quando nós perdoamos alguém, nós não mais queremos machucá-lo com palavras ou ações. Você não possui amargura ou raiva sobre a questão que te machucou. Você pode afirmar honestamente que você perdoou seu conjugue na questão mencionada aqui?

Nós perdoamos pela fé, por obediência a Deus. Deus quer que nós amemos uns aos outros e amemos Ele. Este amor que Ele menciona é uma escolha, não um sentimento. Precisamos confiar em Deus para completar o trabalho Dele em nós. Isso é entre você e Deus e não entre seu conjugue e você.

Corrie tem Boom, uma cristã que sobreviveu a um campo de concentração nazista, diz que o perdão é a chave para abrir a porta do ressentimento e as algemas do ódio. É um poder que quebra as correntes da amargura e os grilhões do egoísmo.

Uma das ações mais repletas de amor que você pode ter é perdoar.

- Você tem alguma dúvida ou pergunta para fazer sobre o CAPÍTULO 3?

## Comentários finais

- Um de seus deveres de casa durante as próximas 5 semanas será ter 2 encontros juntos. O marido deverá planejar o 1º encontro e a esposa o 2º encontro. Perguntaremos a vocês sobre os encontros no início de cada sessão, então venham preparados para compartilhar. Apêndice 3 de seu caderno de tarefas possui informações para ajudá-lo a planejar o encontro.
- Marque um momento para sua próxima sessão
- Terminem orando.

*Nota ao mentor: Apêndice 3 do caderno de tarefas,, "Guia para organizar um encontro com seu conjugue," A seguir.*

## APÊNDICE 3

## Guia para planejar um encontro com seu conjugue

Qualquer um dos dois pode planejar um encontro. O encontro poderá ser de tarde ou a noite. Aqui damos dicas que ajudarão nesse evento especial.

- **Planeje seu encontro.** Ache um dia para tirar folga. Mostre que ama seu conjugue planejando com afinco esse encontro. Não precisa ser caro, mas se planejar antecipadamente mostra que se importa. Pense nas coisas que seu conjugue iria gostar. Se por algum motivo as coisas não fluírem como esperado no encontro, encare como uma aventura. O mais importante é que estarão juntos.
- **Prepare o clima já pela manhã.** *(Ed)* Recentemente eu escrevi para Angie: "De 7 bilhões de pessoas no mundo, Deus me abençoou com a melhor esposa!"
- **Construa uma expectativa boa.** Mande um torpedo ou ligue para seu conjugue para falar o quanto está ansioso/a pelo encontro de vocês.
- **Crie o ambiente.** Se forem sair, lave o carro. Coloque um perfuminho no carro. Uma música que ambos gostem. Se forem ficar em casa, acenda velas. Crie o ambiente apropriado.

# Sessão II

Capítulo 4:   Colocando Cristo no centro de seu casamento
Capítulo 5:   Desenvolvendo um casamento com propósito
Capítulo 6:   Achando a doçura em seu casamento

### Antes de se encontrarem

Dependendo da maturidade espiritual de seu casal, você pode pedir para um ou ambos fecharem a reunião com uma oração. Se acharem que ficarão constrangidos então vocês podem liderar isso.

A sessão II é para o casal entender a importância de colocar Cristo no centro da relação. Eles poderão discutir algumas coisas. Finalmente, eles irão conversar sobre o quanto estão confortáveis com os papéis conjugais que possuem.

Encoraje o seu casal a direcionar as respostas para o conjugue, não para vocês. Isso fará com que observem a interação entre eles. Se repararem em respostas negativas, reações ruins, faça cada um esclarecer seus pensamentos e sentimentos. Peça para compartilharem o que acharam da resposta do outro. Permita que haja continuação na conversa somente se for positivo. Se a conversa for direcionada a um conflito que não poderá ser resolvido naquele momento, vá para a próxima pergunta. Explique que eles irão aprender um processo na sessão IV que irá ajudá-los a resolver conflitos.

Se eles não concluíram os deveres de casa, lembre-os que completar o dever de casa é essencial no sucesso desta experiência de mentoria matrimonial. Fazer o dever de casa indica que estão comprometidos com o casamento.

Durante a semana vocês podem querer mandar um e-mail para eles, lembrando-os e escrevendo palavras de encorajamento. Homem manda para homem, mulher manda para mulher.

- É importante que a cada semana você leia as notas ao mentor dos 3 capítulos, para compreender o propósito de cada questão do capítulo. Além disso, pode ajudar você a se familiarizar com o assunto do capítulo no caderno de tarefas do casal.

# CAPÍTULO 4
## Colocando Cristo no centro de seu casamento

- Pergunte a seu casal se tiveram o encontro. Ambos deverão ter completado essa tarefa antes do início da sessão 6.
1. *Esposas somente:* O que submissão ao seu marido em um casamento baseado em Deus significa para você?

*Maridos somente:* O que significa para você ser um marido de Deus?

*Nota ao mentor: A esposa e o marido responderam a pergunta 1 e revisaram o apêndice 1 e 2 em seus cadernos de tarefas? Os dois apêndices começam a seguir.*

# APÊNDICE 1

## O que significa ser uma esposa submissa

QUANDO UMA ESPOSA se submete a seu marido ela está fazendo por obediência à Deus. Jesus (que é igual, eterno com Deus Pai e o Espírito Santo) deu exemplo de submissão para nós fazendo a vontade de Deus Pai em tudo que Ele fez e falou enquanto na Terra. Uma esposa deve seguir esse exemplo ao entregar sua vida em devoção a Cristo:

- Seguir a liderança de seu esposo
- Respeitar e confiar na opinião de seu marido
- Buscar o conselho de seu marido quando tomando decisões
- Acreditar na habilidade que seu marido possui para realizar suas responsabilidades de marido.
- Ser a ajudadora de seu marido
- Honrar seu marido falando dele de forma positiva
- Louvar, afirmando e apreciando seu marido
- Trabalhar em equipe
- Ser a fã #1 de seu marido!
- Servir seu marido com amor sacrificial
- Evitar críticas não bíblicas ou murmúrios
- Não comparar seu marido de forma desfavorável a outros
- Não culpar ou controlar ele
- Não corrigir seu marido na frente de outros

Uma esposa terá que responder a Deus se não se submeter a liderança de seu marido, sejam boas ou não as decisões que ele tomar. Porém, uma esposa não deve seguir seu marido em atos pecaminosos, pois Deus é sua autoridade maior. Quando uma esposa não está feliz com a direção da liderança de seu marido, ela deverá levar suas frustrações para Deus, com um espírito ensinável. Deus pode estar trabalhando algo nela, através da obediência e submissão. Deus pode estar protegendo ela através de seu marido. Deus pode querer que ela compartilhe de forma amorosa sobre andar em outra direção se for o caso. Deus pode querer trabalhar no coração do marido enquanto a esposa submete seus desejos ao Senhor. Deus não quer a esposa sendo o Espírito Santo, ou uma "ranzinza santa". Deus quer que a esposa confie Nele, para que ela confie que Ele vai realizar seus desejos e providenciar uma resposta adequada.

Deus quer que trabalhem juntos. A esposa deve orar para que Deus mude a mentalidade de seu esposo ou o coração, se for o caso. Fazendo isso, ao invés de pedir por um comportamento perfeito de uma pessoa imperfeita, o conjugue estará olhando para a vontade de Deus que é perfeita e deixando Deus guiar.

# APÊNDICE 2

## O que significa ser um marido de Deus?

- **Orar individualmente, com hora marcada. (Ed)** Eu oro a cada manhã no banho. Eu escolhi esse momento porque é uma atividade que faço diariamente. Não importa quando orar, só importa que seja consistente.
- **Oração individual aleatória.** Ore pelos eventos do dia. Por exemplo, eu costumo orar antes das reuniões, sessões de mentoria ou o tempo de encontrar famílias e amigos. Angie e eu costumamos orar silenciosamente por nossos casais durante as mentorias.
- **Oração agendada do casal/ família.** Estabeleça um horário pelo menos 1 vez na semana para a sessão de oração. Angie e eu nos encontramos 20 minutos antes de irmos para a igreja toda semana para orar como casal. Muitos casais oram juntos com mais frequência. Alguns casais oram na cama juntos todo dia. Orar com ou pela pessoa no final do dia pode ser uma das melhores preliminares.
- **Oração aleatória do casal/família.** Ore como casal para eventos especiais. Lembrem-se, vocês podem orar em qualquer local.
- **Vã a igreja.** Muitos cristãos frequentam a igreja quando é conveniente. Faça que seja prioridade.
- **Invista tempo na Palavra de Deus.** Essa é a forma que Deus tem para falar conosco e uma relação precisa de comunicação bilateral. Quanto mais compreendermos da Palavra, melhor estaremos para lidar com as coisas do mundo.
- **Dê seu tempo, dom e tesouros para Deus.** Uma forma ótima de dar seu tempo e dons para Deus é se envolver em um ministério. Quando eu e Angie entramos no Ministério de noivos na igreja, nós fizemos para retribuir a Deus. Poucos sabíamos que Deus iria derramar bênçãos sobre nós. Lembre-se, seu primeiro ministério é sua família-esposa e filhos. Malaquias 3:10 Deus nos fala para testarmos Ele, Ele promete abrir as comportas do céu derramar sobre nós bênçãos sem medidas.

- **Tome decisões em Deus.** Decisões grandes requerem Deus no centro. Ore sobre isso, veja na Bíblia algo relevante, escute com cuidado a sua esposa, busque conselhos de cristãos maduros e aí tome sua decisão.
- **Ame sua esposa de forma altruísta.** Maridos são instruídos a amarem suas esposas de forma sacrificial usando Jesus como exemplo. Isso significa atuar de forma amável mesmo em condições que não são fáceis.

  "Maridos, amem suas mulheres, assim como Cristo amou a igreja e entregou-se a si mesmo por ela

  Da mesma forma, os maridos devem amar as suas mulheres como a seus próprios corpos. Quem ama sua mulher, ama a si mesmo.

  Além do mais, ninguém jamais odiou o seu próprio corpo, antes o alimenta e dele cuida, como também Cristo faz com a igreja,

  pois somos membros do seu corpo. " - Efésios 5:25, 28-30

- **Ame Deus.** O maior mandamento de Deus é amar Ele com todo seu coração, alma, mente e força.
- **Ame as pessoas.** O segundo maior mandamento de Deus é amar o próximo.

---

2. **Como você descreveria a vida de oração que vocês dois possuem?**

É ideal que você ore nessas 4 formas:
- Individualmente em horas marcadas.
- Individualmente de forma espontânea.
- Juntos com hora marcada.
- Juntos de forma espontânea.

Se você não está confortável em orarem juntos você pode começar o compromisso de orar juntos apenas por minutos toda semana antes de vocês irem a igreja. Tente incorporar esses elementos nas orações: louvor, perguntas, arrependimento e ação de graças.

A maioria das pessoas acham que o sexo é a interação mais íntima entre marido e esposa, mas a oração é a mais íntima comunhão de todas. No sexo você entrega seu corpo mas na oração você entrega sua alma. Isso é o máximo da intimidade!

Oração é o componente mais importante, ele vai garantir que seu amor dure para sempre.

3. **Como seu conjugue pode estar orando por você nesse momento?**

De forma regular, pergunte a seu conjugue como pode orar por ele. Isso é um hábito bom. As vezes as pessoas têm dificuldade de pedir por oração. Se querem se tornar um, então precisam compartilhar os desejos de seus corações com o conjugue. Isso é importante para a intimidade do relacionamento.

4. **Você lê a Bíblia com que frequência?**

Você provavelmente já ouviu o versículo "A verdade o libertará". Este verso não está completo sem a afirmação "Se vocês permanecerem firmes na minha palavra, verdadeiramente serão meus discípulos e conhecerão a verdade, e a verdade os libertará." - João 8;31-32

Não podemos conhecer a liberdade de Deus e Sua vontade, sem entender e obedecer aos ensinamentos Dele.

5. **Qual pecado em sua vida atualmente está impedindo você de se aproximar de Deus?**

Muitos cristãos têm aquele pecado que conseguem justificar, "pecado de escolha". Eles vivem uma vida quase totalmente em santidade mas sempre tem aquele pecadinho que não abrem mão. Se desejamos o melhor de Deus devemos confessar esse pecado e estar apto a mudar.

*Nota ao mentor: pergunte se essa é a resposta que dariam, se querem acrescentar algo.*

6. **Pelo o que você é grato em seu casamento? Enumere 10 coisas.**

Uma atitude de gratidão é a coisa mais importante quando se quer crescer em fé e na nossa relação íntima com Deus. Deus quer que sejamos gratos em tudo. Ele deseja que consigamos enxerga-Lo até em meio ao caos, nos problemas.

Betsey tem Boom disse "que a chave da alegria é ver Deus em todas as situações."

7. **Se você e seu conjugue possuem uma decisão importantíssima a tomar, como procederiam para garantir que essa decisão fosse centrada em Deus?**

Tenham um caminho para tomar decisões. Devem incluir:
- Orar para compreender a vontade de Deus
- Ler a Bíblia para obter direção
- Conversar entre vocês dois
- Buscar o conselho de cristãos que respeitem

Lembrem-se, Deus deve ser o piloto, não o co-piloto, quando tomarem decisões.

- Você possui alguma pergunta sobre o CAPÍTULO 4?

# CAPÍTULO 5
## Desenvolvendo um casamento com propósito

1. **Enumere em ordem de importância as 5 necessidades mais importantes, identificada por Dr. Willard F. Harley Jr. Em seu livro, *"His Needs, Her Needs"*.**

| TOP 5 necessidades | Necessidade |
|---|---|
| | Admiração |
| | Afeição |
| | Realização sexual |
| | Diálogo |
| | Compromisso familiar |
| | Segurança financeira |
| | Honestidade e abertura |
| | Ajudar nas tarefas da casa |
| | Parceria e companheirismo |
| | Conjugue atraente |

2. **Como seu conjugue pode alcançar as necessidades mencionadas acima?**

Alguns desejos que você possa vir a ter são: um encontro semanal, dialogar sobre temas importantes, se divertir com um hobby, relação sexual frequente, mais transparência com as finanças, mais tarefas de cozinha, mais preocupação com o corpo -se exercitar-, mais entretenimento com família e amigos, ouvir mais afirmações firmes positivas, ter mais conversas íntimas e abertas, etc.

3. **Quando seu conjugue não cumpre com suas expectativas e necessidades, como deveria reagir?**

Existem momentos quando você deve compartilhar expectativas e necessidades com seu conjugue, e existem momentos em seu casamento quando será mais vantajoso tirar o foco de fazer suas necessidades serem atendidas, criando expectativas em Deus. Filipenses 4;19 nos assegura, "Deus irá atender todas suas necessidades de acordo com suas gloriosas riquezas em Cristo Jesus."

4. **Liste no mínimo 5 coisas que você pode fazer voluntariamente para melhorar seu casamento.**

Parte de se viver em um casamento com propósito é sempre pensar em coisas que você pode fazer para melhorar seu casamento sem esperar algo em troca.

5. **Em uma escala de 1 a 10, 10 sendo o máximo, o quão bom é seu conjugue em te fazer feliz?**

A chave para a felicidade na vida é diminuir as expectativas que temos de outras pessoas. Criar muita expectativa te levará a uma vida frustrada.

Se você fazer mais pelo seu conjugue e tirar o foco do que você espera, você será mais feliz em seu casamento.

Não devemos colocar nossa felicidade sob a responsabilidade de nosso conjugue. Nossa alegria está no Senhor apenas. Deus promete que seremos cheios de alegria, ao seguirmos seus mandamentos. "Tenho dito essas palavras para que a minha alegria esteja em vocês e a alegria de vocês seja completa." (João 15;11)

6. **Se um dia seu conjugue falasse "Você será rei/rainha por um dia. Dê uma lista de coisas especiais para eu fazer para você," quais itens você colocaria na lista? Qual dia da semana você gostaria que fosse?**

Esse é um exercício legal para se fazer toda semana. Você pode pedir a seu conjugue para fazer massagem, ir a um restaurante bom, passear com você, ler a Bíblia com você, lavar o carro, ir ao cinema. Seja criativo- o céu é o limite!

- Você tem alguma dúvida ou pergunta sobre o CAPÍTULO 5?

# CAPÍTULO 6
## Achando a doçura em seu casamento

1. **Como você definiria a parte boa de seu casamento e quando você sabe que ela ocorre?**

   A doçura/maré boa ocorre quando você e seu conjugue sentem que estão conectados em tudo no casamento- área emocional, física, espiritual e social. Tudo está florescendo de forma positiva. Interações são doces, suaves e amáveis. Existe harmonia na relação e vocês se sentem um.

   O oposto disso é o azedo. Quando não conectam emocionalmente, fisicamente, espiritualmente e socialmente. Quando vocês estão nesse "azedo"/ momento frio, esquisito da relação, não se sentem mais um só. O ataque preferido de Satanás é afetar essa unidade.

   Quando estão na doçura, vocês resolvem as coisas de forma correta. Ao contrário de quando estão no azedo da relação, não se acertam e pequenos desentendimentos tomarão proporções maiores.

   Permanecer na doçura irá levá-los para um caminho de intimidade eterna que se fortalecerá a cada ano. Dessa forma, podem viver a experiência de dois que se tornam um, como em Gênesis 2;24. Irão viver a alegria e contentamento que Deus planejou para seu casamento.

*Nota ao mentor: Os casais foram instruídos para revisar as ferramentas que iniciam na próxima página e para se prepararem para compartilhar o que entenderam sobre eles. Peça a seu casal para fechar seus cadernos. Peça para a esposa ler as tarefas de número ímpar e o marido as de número par. Garanta que ambos compreenderam tudo.*

## Ferramentas para permanecerem na doçura

1. **Oração.** Quando um casal se afasta da doçura de uma relação, a relação fica esquisita, meio azeda, mas se humildemente chegam a Deus juntos em oração, eles estão mais receptivos em mudar o que há de egoísta neles mesmos e a buscar a vontade de Deus, que os ama e quer que eles funcionem em unidade. Imagine o quão útil seria orar em casal quando tiverem se afastando para esse ponto azedo. Essa é uma boa ferramenta para o marido considerar, como líder espiritual da família, embora a esposa sempre possa sugerir de orarem juntos.
2. **"Desculpe. Eu venci!"** Use essa tática para tirar vantagem de sua natureza competitiva e faça com que consiga perdoar mais rápido, como em um jogo. Quem pedir desculpas primeiro, vence! Ao invés de deixar coisas pequenas perturbarem, se um de vocês pedir desculpas primeiro (sabendo que venceu) você pode sorrir. É uma forma legal de superar uma briguinha e vencer um jogo. (Ed) Angie e eu tivemos um desentendimento uma vez no momento em que eu estava indo para uma reunião. Logo após ter saído de casa recebi uma mensagem de Angie falando "Me perdoe." Depois de uns segundos recebi outra mensagem "Eu venci!" Isso me fez rir e nos fez voltar ao ponto de doçura em nosso casamento.
3. **Divertimento.** Para a saúde do casamento, é importante manter o divertimento, essa é uma área que vai sumir quando tiverem mal. Mesmo que não esteja com vontade, planeje algo legal para se divertirem juntos. Quanto mais simples melhor. Alguns casais gostam de voltar a fazer algo que faziam quando namoravam. Casais devem ser capazes de colocar

aquela criança interior para fora. O rir deve fluir naturalmente. Se divertir é prova de um bom casamento. Casais que se divertem possuem casamentos saudáveis.

4. **Ficar bravo/a por 5 minutos.** Existem momentos que irá querer mostrar para seu conjugue que está chateado/a, mas você não quer fazer tempestade em copo d´água. Uma forma eficaz é falar "Eu vou ficar bravo/a com você por 5 minutos." Os dois poderão rir disso, mas a mensagem foi dada.
5. **Ser gentil.** Ser gentil para seu conjugue quando não está com vontade é uma forma de falar o quanto está comprometido/a em voltar para o ponto de doçura da relação.
6. **Escrever recadinhos no espelho.** Escreva no espelho do banheiro um recadinho fofo. Compre canetas específicas para poder retirar depois. Deixe as canetas guardadas para que você possa sempre usá-las.
7. **"O quão cheio está o seu tanque do amor?"** Pergunte a seu conjugue, "Em uma escala de 1 a 10, o quão cheio está o seu tanque," pergunte também, "Como faço para ficar na nota 10?"
8. **Substitua a crítica por um elogio.** Quando sentir vontade de criticar seu conjugue, pare e substitua a crítica por um elogio genuíno. Críticas levarão seu casamento para uma parte azeda rapidamente. O elogio fará diferença quando quiser criticar.
9. **Sorria.** Um simples sorriso pode mudar toda a química entre um homem e uma mulher. Sorrir possui tanto efeitos positivos, mas sorrir é a primeira ação que some quando um casal não está na parte doce da relação. Umm sorriso irá aquecer o coração de seu conjugue. Um sorriso te faz ficar mais atraente. Pesquisas mostram que sorrir diminui a pressão sanguínea, diminui o stress, aumenta o sistema imune, libera endorfina, faz você se sentir mais positiva e constrói confiança. Sorrir contagia, então sorria.
10. **10 coisas que amo em você.** Em sua primeira sessão vocês fizeram uma lista de "10 coisas que amo em você". Quando estiverem indo em direção ao azedinho da relação, peguem essa lista e releia o que você mais ama em seu conjugue e o que o seu conjugue ama em você. Quando seu coração estiver mais amolecido, peça seu conjugue para fazer o mesmo. Aí adicionem mais um item à lista.
11. **Perspectiva.** Quando você e seu conjugue brigarem, pergunte a você mesmo: "Pensando na eternidade isso realmente importa? Será que não posso deixar isso passar?"
12. **Texto.** As vezes um texto romântico é o que fará vocês voltarem para a etapa doce da relação. Recentemente o celular da Angie estava com a memória cheia e ela me pediu para ajudá-la a esvaziar a memória. Eu perguntei se eu poderia deletar as mensagens dos últimos 2 anos. Ela disse "Sim, todas, menos as suas." Ela me explicou que as vezes ela gosta de reler as mensagens de amor que mandei para ela.
13. **Rei/rainha por um dia.** Você aprendeu isso em um capítulo anterior. Esperamos que seja algo que adicionem a rotina semanal. Isso causa uma mudança na relação. Traz sua relação de volta ao ponto doce e gostoso do casamento
14. **Tempo de qualidade.** É o momento de troca e conexão. Podem chamar de "encontro". Não precisa ser caro. É essencial que saiam em encontros mesmo depois de casados.
15. **"Eu te amo".** Essas palavras podem soar como música ao ouvido de seu conjugue. Adicione um beijo gostoso e longo, e um abraço.
16. **Recomece.** Às vezes você pode estar tendo um dia ruim. Quando isso ocorrer com vocês, só é necessário que um de você fale "Vamos recomeçar?" Isso é um acordo de recomeçar sem

falar sobre o que levou vocês a ficarem nesse dia esquisito. Isso não é uma saída para problemas maiores, somente para desentendimentos bobos.
17. **Amor e respeito**. Mulheres querem ser valorizadas por seus maridos e homens querem ser respeitados por suas mulheres. Como marido, faça algo para mostrar que sua esposa é especial. Como esposa, faça algo que mostre para seu esposo que você é a maior fã que ele tem.
18. **Entre você e Deus.** Faça a coisa certa porque quer agradar a Deus, mesmo que não tenha vontade de agradar seu conjugue.

## 2. Quais ferramentas acima você tem mais tendência em usar?

Um casamento nunca permanece o mesmo: ou *melhora* ou *piora*. Uma forma fácil de lembrar como um casamento pode piorar é associar a palavra *pior* com o egoísmo do EU, quando o casamento fica centrado somente em você. Uma forma fácil de lembrar como melhorar seu casamento é associar a palavra *melhor* com a palavra Emmanuel-Deus conosco. Ou seja, um casamento bom é um casamento centrado em Deus.

As dificuldades da vida podem ser desafiadoras e desencorajadoras as vezes. Mas não há porque seu casamento morrer. Esteja comprometido em usar as ferramentas citadas aqui e táticas suas também.

Um verso para lembrar: "Eu já sofri muitas catástrofes na vida, a maioria nunca aconteceu."

## 3. Compartilhe uma memória de vocês dois se divertindo.

Se divertir é importante. Se estão se divertindo juntos, sua relação está boa. Se não, vocês com certeza não estarão se divertindo. Ao relembrarem dos momentos bons juntos, vocês vão perceber que não custa muito se divertir. Se resume basicamente na conexão que sentem.

Se você está se esforçando muito em se divertir, em algum momento, assistam alguma série engraçada, programa etc. Vocês irão rir juntos e isso gera uma ligação.

- Você possui alguma dúvida no CAPÍTULO 6?

## Comentários finais

- Lembrem o casal sobre os 2 encontros que são obrigatórios.
- Marquem a hora da próxima sessão.
- Terminem orando.

# Sessão III

Capítulo 7:     Diferenças de personalidade

Capítulo 8:     Diferenças entre homens e mulheres

Capítulo 9:     As linguagens do amor

### Antes de se encontrarem

Dependendo da maturidade espiritual de seu casal, você pode pedir para um ou ambos fecharem a reunião com uma oração. Se acharem que ficarão constrangidos então vocês podem liderar isso.

Uma das coisas mais especiais de casais orientarem/aconselharem outros casais é que homens e mulheres sentem diferente. Se intuitivamente você sentir que há algo mais na resposta e a pessoa não falou, você pode falar "Me diga mais sobre isso" ou pergunte coisas como "Eu sinto que tem mais coisa para falar". Isso é importante em temas que são polêmicos ou difíceis para eles. Vocês também podem dizer "O que você acha do que seu conjugue disse? " ou "Se aprofunde mais nisso".

Se você pode ver áreas de crescimento que precisam de um empurrão, não hesite em dar mais deveres de casa a eles. Um exemplo, pode ser deles orarem juntos ou escrever bilhetinhos, eles irão aprender um processo na sessão IV que irá ajudá-los a resolver conflitos.

- É importante que a cada semana você leia as notas para o mentor para cada 3 capítulos para compreender o propósito de cada questão do capítulo. Além disso, pode ajudar você a se familiarizar com o assunto do capítulo no caderno de tarefas do casal.

# CAPÍTULO 7
## Diferenças de personalidade

- Pergunte ao seu casal se foram em um encontro. Eles devem ter o encontro antes da sessão 6.
- Pergunte se eles oraram juntos.
- Pergunte se completaram a tarefa de rei/rainha por um dia.

**1. Você acredita que você e seu conjugue são compatíveis? Explique.**

Um grande casamento não é baseado em casar com alguém compatível, porque Deus não cria ninguém perfeitamente compatível, é baseado no aprendizado de como lidar efetivamente com incompatibilidades.

**2. As afirmações abaixo refletem traços de personalidade. Numa escala de 1 a 10, descreva quão bem a afirmação se aplica a você.**

**1= não descreve nada de mim**
**10= me descreve precisamente**

Enquanto o casal responde, baseado nas afirmações abaixo, observe grandes diferenças e faça-os dialogar sobre elas. Lembre-os que não existe certo e errado.

| Afirmação | Escala (1- 10) |
|---|---|
| A. Eu prefiro pensar com cautela antes de decidir uma nova direção. | |
| B. Gosto de ser reconhecido Publicamente por minhas conquistas. | |
| C. Não costumo gostar de mudanças. | |

D. Tenho uma lista de afazeres diários e tento realizá-los.

E. Sou muito espontâneo/a

F. Sou limpo/a e arrumado/a, gosto de tudo em seu devido lugar.

G. Raramente chego atrasado para uma reunião ou compromisso.

H. Sinto uma sensação de realização quando eu completo um projeto. eu sou relutante a começar novos projetos até terminar o atual.

I. Eu prefiro socializar em pequenos grupos, (com um outro casal ao invés de uma grande festa)

- Você possui alguma pergunta sobre o CAPÍTULO 7?

# CAPÍTULO 8
## Diferenças entre homens e mulheres

**1. Como a diferença entre homem e mulher afeta sua tomada de decisão no casamento?**

Você deve reconhecer que cada um de vocês possui uma forma única de discutirem por terem pontos de vista diferentes. As mulheres usam os dois lados do cérebro ao mesmo tempo, a parte emocional existente nelas faz uma diferença em cada decisão. Elas tendem a ser mais de se relacionar, são sensíveis, intuitivas e com mais compaixão. A esposa precisa ficar atenta em ser mais lógica e menos emocional quando for tomar algumas decisões, mas o homem precisa considerar e valorizar esse aspecto da mulher, ouvindo ela quando for tomar decisões somente com sua lógica.

O homem tende a ser mais dominante. Quando se torna muito emocional, ele pode não ver as coisas da maneira lógica normal. Quando isso ocorre, é melhor que a mulher não tente resolver a questão logo de cara. Se tentar mostrar o lado lógico para ele nesse momento, pode piorar. Deixe um tempo passar e depois fale novamente do assunto. Quando você entender essas diferenças, você vai conseguir apreciar como homens e mulheres se complementam e poderá trabalhar para tomar decisões.

**2. Homens e mulheres ganham auto estima de formas diferentes. Considerando isso, como você pode ajudar a melhorar a autoestima de seu conjugue?**

**Esposa:** a autoestima masculina está ligada com carreira, emprego e em ser provedor para a família. Você deverá ser sensível a isso acreditando em seu marido, se interessando pelo trabalho dele, e apreciando seus esforços. Resumindo, você precisa ser **a fã número 1 dele!**

**Marido:** Em geral, as mulheres ganham auto estima de seus relacionamentos. A relação mais importante é com seu marido. Você deverá ser sensível a isso, como marido, e assegurá-la, apreciá-la, e conquista-la diariamente. Deixe ela saber quanto **ela é especial para você** e o quanto você aprecia ela.

Um forte entendimento de quem somos em Cristo minimiza a necessidade de aprovação, pois autoestima vem de Deus. Não podemos buscar integralmente a autoestima no conjugue.

**3. Mulheres possuem necessidades de dialogar que diferem do homem. Isso já criou problemas em seu casamento? Se SIM, como? Quais soluções você sugere?**

Maridos e esposas precisam de tempo juntos diariamente para se comunicarem. Já que a forma de compartilhar pode ser diferente, ambos devem ser sensíveis e compreender. Homens podem precisar de um tempo quando chegarem em casa do trabalho e as mulheres precisam de maridos que as ouçam com paciência. Também deverão ter um tempo de silêncio, de calmaria juntos todo dia.

Embora ambos homens e mulheres beneficiem de ter amigos do mesmo sexo, ajuda mais a mulher que tem essa necessidade de se relacionar. A mulher precisa buscar relações edificantes, que honre a Deus. Mas não use essas amizades para reclamar de seu marido, mas sim para aprender a ser melhor esposa e talvez melhor mãe.

**4. Você acredita que a TPM (Tensão pré-menstrual), menopausa ou outro fator hormonal é uma questão em seu casamento? Se SIM, explique.**

A TPM possui uma gama de sintomas emocionais e físicos que estão relacionadas com o período menstrual da mulher. Os sintomas específicos que são atribuídos a TPM variam de mulher para mulher. Sintomas graves podem interferir em alguns aspectos da vida delas.

Se esses sintomas da TPM são tão graves que impactam o seu casamento, aqui vão algumas sugestões para ajudar a lidar com eles de forma efetiva:

- De forma sincera e honesta discutam como que cada um de vocês está sendo afetado pelos sintomas da TPM.

### Esposa

- Alguns sintomas podem ser diminuídos com uma alimentação saudável: reduza cafeína, açúcar e sódio; aumente consumo de fibras, durma bem.
- Eduque-se com tratamentos naturais, que possam diminuir os sintomas.
- Se o seu ciclo for regular, use o calendário para marcar os dias.
- Alerte seu marido quando sentir sintomas vindo para que ele se prepare para possíveis estresses.
- Evite ou atrase tomar decisões muito importantes, se possível.
- Se os sintomas são graves, busque conselho médico para minimizá-los.

### Maridos

- Não considere o que ela disser de forma tão severa, nesse período. Você pode não entender completamente o que ela está passando, mas tenha compaixão. Passe para ela que você compreende que ela está passando por um momento difícil.
- Dê a ela mais espaço para que ela tenha um tempo sozinha.
- Evite ser crítico, tente achar formas de ser mais encorajador e elogie mais.
- Nesse período, faça tudo o que puder para ser mais paciente e compassivo.


- Você possui alguma dúvida sobre o CAPÍTULO 8?

# CAPÍTULO 9
## As linguagens do amor

- Por favor compartilhe os resultados do teste "As 5 linguagens do amor", que pode ser encontrado no seu caderno de tarefas, apêndice 4 para esposas e apêndice 5 para maridos.
- Se você olhar no apêndice 6 de seu caderno de tarefas, em "As 5 linguagens do amor", você vai achar ações básicas para tomar e evitar em cada linguagem do amor.

*Nota ao mentor: Apêndice 6 do caderno de tarefas -A seguir.*

---

## Apêndice 6
## Guia- Linguagens do amor

| Linguagem amor | Ações | Evitar |
|---|---|---|
| Palavras de afirmação | -elogios<br>-bilhetes/cartões<br>-palavras poisitivas | Críticas |
| Tempo de qualidade | -tempo um a um<br>-face a face<br>-longas caminhadas juntos<br>-fazer coisas juntos | Interromper o momento |
| Dar presente | -dar presentes em dias especiais ou não<br>-pense mais na intenção do presente do que no valor | Não ignore datas especiais |
| Atos de serviço | -ajudar com tarefas falando coisas como **"Como posso ajudar?"** | Ajudar outros e não estar presente para ajudar seu conjugue |
| Toque físico | -toques<br>-abraços<br>-beijos | Toques desconfortáveis |

Quando você entender o conceito de falar nas 5 linguagens do amor, você irá ser capaz de melhorar todas as suas relações aprendendo as linguagens de amor das pessoas próximas a você. Você pode acessar o teste gratuitamente on-line. Também existem outros recursos do Gary Chapman para aconselhamento de filhos.

1. **Em uma escala de 1 a 10, o quão cheio está seu tanque de amor?**

2. **O que seu conjugue pode fazer para aumentar e chegar ao 10?**

3. **Complete essa frase, "Eu me sinto mais amado quando..."**

Use essas 3 perguntas acima ocasionalmente para testar o quanto estão alcançando a necessidade um do outro, para poderem melhorar.

## Comentários finais

- Lembre o casal sobre os 2 encontros que são obrigatórios.
- Próxima semana irão conversar sobre família, então tragam algumas fotos. Fotos no celular também são aceitas.
- Marquem a hora da próxima reunião.
- Terminem orando.

# *Sessão IV*

Capítulo 10: Famílias

Capítulo 11: Comunicação

Capítulo 12: Resolvendo conflitos

**Antes de se encontrarem**

Essa sessão é geralmente uma sessão mais longa então vá de acordo com seu ritmo e foque no que é mais importante. Rapidamente mova para a próxima questão quando verem que o casal está mais fortalecido na área em questão.

Estejam atentos para o que seu casal falar, não só através de palavras, mas também através da linguagem corporal.

Seu casal está começando a segunda metade do programa de mentoria. Se o seu casal estiver trazendo continuamente problemas do passado ou histórias negativas do passado, relembre que precisam parar de focar no passado e precisam colocar esforços no aprendizado de ferramentas para que possam começar a viver o casamento que Deus deseja para eles. Um casal que constantemente traz o passado para o presente não está permitindo o passado ficar no passado. É importante ter um passado, presente e futuro.

Nesse momento do programa eles devem estar colocando Cristo no centro de tudo e devem ser conscientes a respeito de seu casamento. Uma das ações mais importantes que já devem estar realizando é a oração em casal, regularmente. Se não estiverem orando, então de forma doce mas firme conversem. Homens devem conversar com os homens e mulheres com mulheres.

- É importante que a cada semana você leia as notas ao mentor dos 3 capítulos, para compreender o propósito de cada questão do capítulo. Além disso, pode ajudar você a se familiarizar com o assunto do capítulo no caderno de tarefas do casal.

# CAPÍTULO 10
## Famílias

- Pergunte ao seu casal se foram em um encontro. Eles devem ter o encontro antes da sessão 6.
- Pergunte se eles oraram juntos.
- Pergunte se completaram a tarefa de rei/rainha por um dia.
- Pergunte se trouxeram fotos de família.

Você sabe porque nós usamos aliança de casamento em nosso 4º dedo? Deixe-me compartilhar uma pequena informação com você. Traga suas mãos próximas uma da outra, palma com palma. Agora, dobre seus dedos do meio na articulação para dentro. Os outros dedos deverão estar se encostando nas pontas. Como se tivesse fazendo uma casinha. Se observar, os dedos do meio representam Deus no centro da relação, os dedões representam os pais, Tente afastar os dedões, as pontas se afastarão tranquilamente. Isso é porque somos feitos para crescermos e deixar a casa de nossos pais. Os dedos indicadores representam nossos irmãos. Estes dedos também se afastam facilmente porque os irmãos também crescem e seguem suas vidas. Os dedos mindinhos representam nossos filhos, mais uma vez, esses dedos se separam porque nossos filhos também devem crescer e seguir em frente. Porém, quando você tenta separar os dedos onde se coloca a aliança, você não consegue. Isso é porque Deus não quer separação no casamento, ele deseja que o seu casamento dure para sempre. O que Deus uniu, nenhum homem separa.

**1. Se você tem filhos, você coloca seus filhos ou seu conjugue em primeiro? Explique.**

Nossos filhos foram feitos para ficarem conosco por um período. Nosso conjugue foi feito para ficar com você por uma vida inteira. Embora filhos que são novos podem ser dependentes de nós, nós nunca devemos colocá-los antes de nosso conjugue. Um dos presentes mais valiosos que podemos dar a nossos filhos é amar nosso conjugue e ser para eles um exemplo de casamento saudável. Isso proporciona aos filhos uma sensação de segurança assim como também mostra para eles como viver um casamento feliz. Ser pai e mãe começa com uma relação boa de marido e esposa.

**2. Se vocês têm filhos, qual é a maior área de desentendimento entre você e seu conjugue quando se trata de assuntos relacionados a eles?**

Pais geralmente possuem estilos de criar diferentes. Essa parte não tem o objetivo de criar mais problemas, mas unir vocês para serem um casal mais próximo. Mostrem para seus filhos uma relação unida. Se vocês descordam um com o outro, façam em privado, não na frente deles. Ficar do lado de seus filhos, contra o seu conjugue, destrói a unidade familiar. Quando problemas surgirem entre você e seus filhos, encare-os juntos. Conversem como marido e mulher. Orem sobre isso juntos. Se preciso, busque ajuda de profissionais ou conselheiros de confiança. Finalmente, mantenha tudo na perspectiva correta. Não exagere em coisas pequenas. Se não for ser algo que altere a vida de seu filho, consequências naturais podem ser o melhor professor.

### 3. Descreva a relação entre você com seus pais. Como a relação de vocês moldou ou impactou seu casamento?

Gostando ou não, nossa relação com nossos pais e o que foi mostrado a nós enquanto crescíamos, impactou nossa relação com nosso conjugue. Ou nós vivemos o que aprendemos (as vezes sem entender) ou nós escolhemos conscientemente a viver diferente. Às vezes nós transferimos as nossas necessidades emocionais -que não foram apropriadamente atendidas por nossos pais -para nossos casamentos de uma forma não muito saudável. Reconhecer essas questões em nossa vida traz consciência que leva a padrões mais saudáveis.

### 4. Você compartilha problemas conjugais com algum parente?

Seja atento em resistir a vontade de falar de seus problemas conjugais com parentes ou irmãos. Isso é tentador quando se está machucado, o problema é que depois que resolve o problema, a pessoa para qual dividiu a informação ainda vai lembrar da ferida que seu conjugue causou em você. Essas situações podem gerar grandes problemas e podem levar a uma ferida na família que poderá ser difícil de curar.

### 5. Quais questões com familiares (sua ou conjugue) estão criando problemas em seu casamento? Como você e seu conjugue podem trabalhar juntos para mudar essa situação?

Famílias podem causar muitas brigas entre maridos e esposas. Mas se você contar com a força do Espírito Santo para ajudar a ter uma atitude de mais união com a sua família, então os desafios familiares não destruirão vocês mas irão fortalecê-los. O mais importante ao lidar com famílias é manter uma unidade, você e seu conjugue. Conversem sobre problemas juntos. Mostre compaixão pelas dificuldades de seu conjugue. Orem juntos.

Entenda que a família de seu conjugue pode não te compreender assim como sua própria família. Cada um de vocês deve dar notícias boas para seus sogros. Notícias negativas vocês devem dar para suas próprias famílias como por exemplo "Não vamos poder estar presente em um evento da família". Isso ajuda na relação com seus sogros.

Parentes não fazem sempre o que queremos. Nem sempre respondem da forma que esperamos. Às vezes eles tomam decisões de pecado em suas vidas que machucam outros que amam e que os amam. Independentemente das decisões que ele tomarem, ame-os. Deus nos ama como somos não deveríamos nós fazer o mesmo? Expectativas frustradas geralmente machucam. Criar menos as expectativas ajuda. Lembre-se que orar por seus parentes é o melhor a se fazer.

Às vezes relacionamentos com alguns parentes se torna mais difícil, nós aceitamos uma relação desafiadora sendo uma que pode melhorar com o tempo, se uma pessoa começa a responder de uma forma diferente, com o tempo a relação pode começar a florescer. Talvez você tenha que ser a pessoa que fale, "Vamos recomeçar? " Perdão é um dom poderoso de Deus para darmos e recebermos.

Finalmente, se você não tem uma relação boa com os parentes de seu conjugue lembre-se que falar de forma negativa sobre eles pode machucar seu conjugue-mesmo se o que falar for verdade-. Relacionamentos com inicios desafiadores podem melhorar se você continuar a responder com amor. Não seja controlado pela resposta deles, mas ame eles na posição que eles estiverem porque Deus chama você para isso.

- Você possui alguma pergunta no capítulo 10?

# CAPÍTULO 11
## Comunicação

1. **Em uma escala de 1 a 10, dez sendo a melhor nota. Como você avaliaria a habilidade de seu conjugue em ser um bom ouvinte?**

Pouca são as habilidades mais importantes em um casamento do que ser um bom ouvinte. Ouvintes habilidosos focam no que está sendo dito ao invés de pensar sobre como ele vai responder ao que está sendo dito. Ouvir de forma reflexiva (pedem para repetir novamente o que acabaram de ouvir) é uma boa forma de ter certeza que estará ouvindo/escutando e entendendo bem.

Mulheres tendem a dar mais detalhes quando falam, o que pode causar frustração nos homens. Esposas podem achar que suas ideias estão sendo desmerecidas, sentindo então desvalorizadas. Esposas devem ser sensíveis a isso e tentar manter a conversa mais focada enquanto os maridos devem ser sensíveis e ouvir com atenção tudo o que elas falarem.

Às vezes, não é que não esteja sendo ouvido/a muito bem, mas talvez não esteja sendo compreendido/a. Uma forma de fazer suas palavras serem absorvidas pelo coração de seu conjugue para que sejam verdadeiramente consideradas é usar figuras. Para aprender mais sobre essa ferramenta de comunicação, leia "A linguagem do amor" por Gary Smalley e John Trent.

2. **Seu conjugue te interrompe com frequência?**

Algumas mulheres conversam em um estilo de ouvir interativo que pode ser interpretado como "interromper". Mas isso não significa desrespeito. Mas se isso é uma questão em sua comunicação, a esposa deve prestar atenção e entender que seu marido pode se sentir frustrado com isso. Um marido deve entender que sua esposa não está sendo desrespeitosa, sejam pacientes e compreensivos um com o outro.

3. **Você diria que você critica seu conjugue raramente, as vezes ou com frequência?**

Críticas em excesso é uma forma comum de destruir casamentos. A maioria de nós sabe com que frequência é criticado, mas não percebemos com que frequência criticamos.

Antes de criticar, pergunte a você mesmo 3 perguntas: É verdade, é gentil, é necessário? Se você não conseguir responder SIM para as 3 perguntas então não abra a boca.

Outra regra legal é não criticar seu conjugue mais de 1 vez por semana. Se você criticar seu conjugue na segunda, você já bateu a cota da semana. Elogie quando sentir-se tentado(a) a criticar, você verá uma grande mudança em sua relação.

**4. Com que frequência seu conjugue te critica?**

Quando você recebe uma crítica, existem 2 maneiras básicas nas quais você pode recebe-las:
a. Você pode se sentir ressentido com a crítica. Isso permite que sua mágoa se torne veneno em seu coração, o que machuca você somente.
b. Você pode reagir gritando com seu conjugue. Isso só levará a discussão para uma direção negativa. Se você tiver razão, nenhuma defesa desse tipo é necessária. Se você não tiver razão, nenhuma defesa vai servir.
c. Você pode absorver a lição e liberar a lesão. Embora a crítica por natureza possa machucar, pode haver um elemento de verdade no que está sendo dito a você. Avalie a crítica para aprender algo construtivo dela e libere qualquer mágoa para Deus.

Muitos provérbios mencionam o fato que o sábio recebe a crítica, a exortação e a reprovação, mas o tolo odeia e a rejeita. Se você tem problemas com críticas, um bom dever de casa seria ler um capítulo de Provérbios por dia, por um ano. Conciliando o dia do mês com o capítulo de Provérbios. Lembre-se que Deus é amor, o amor é gentil e Deus exorta/reprova, portanto, exortação/reprovação não pode ser sempre algo ruim.

**5. Dê um exemplo de quando seu conjugue foi grosseiramente honesto ao invés de ser amavelmente honesto com você. Como que ele ou ela poderia ter se comunicado melhor?**

Quando se é amavelmente honesto, você está sendo honesto de uma forma amável. Quando está sendo grosseiramente honesto, você está sendo honesto de uma forma que irá machucar seu conjugue. Se você está ansioso para enfrentar uma situação, talvez não seja a hora certa para se fazer isso. Grosseria nunca é necessário.

**6. Qual estilo de comunicação abaixo descreve seu conjugue? Circule as que se aplicam.**

a. Se comunica com poucos detalhes.
b. Se comunica com detalhes demais.
c. Se comunica com voz alta e brava.
d. Falha em comunicar detalhes que eu preciso saber, por exemplo, não me conta sobre uma viagem de trabalho até alguns dias depois que soube que teria que viajar.
e. Frequentemente não fala sobre o que está pensando de verdade.
f. Fala coisas que machucam de propósito.
g. Se retrai e para de falar.
h. Outros_____.

Você concorda com as observações que seu conjugue fez sobre as áreas de comunicação que precisam melhorar? A primeira etapa para corrigir um problema é reconhecer o papel que você representa nele. A partir do momento que esta lacuna na comunicação for identificada, vocês poderão concordar como casal a apontar quando seu conjugue escorregar em um padrão de comunicação negativa. Concordem antes, que quando seu conjugue fizer isso, você irá tentar corrigir o problema sem ser defensivo para construir um hábito de comunicação mais saudável.

### 7. Quando vocês estão na maré boa do casamento ainda ocorrem problemas de comunicação?

Casais que estão passando por dificuldades em seu casamento frequentemente expressam que eles têm um problema de comunicação. A verdade é que a comunicação falha não é o problema geralmente, mas sim um sintoma. Entretanto, a ação de melhorar as habilidades de comunicação podem ser o primeiro passo para achar o verdadeiro problema.

- Você possui alguma dúvida sobre o CAPÍTULO 11?

# CAPÍTULO 12
## Resolvendo conflitos

### 1. Qual a diferença entre uma conversa e uma briga?

Em uma briga, os lados tentam provar *quem* está certo, enquanto em uma conversa as partes tentam determinar *o que* é certo. Em uma briga existe competição. Em uma conversa existe colaboração.

Uma forma de transformar uma conversa em briga é criticar ou atacar verbalmente a outra pessoa. A melhor forma de transformar uma briga em conversa é dar razão ou mostrar que o conjugue é importante, e marcar um horário para conversarem sobre o problema para que as emoções possam esfriar. Evite transformar discussões em brigas e tente transformar brigas em conversar.

Leia o apêndice 7 em seu caderno de tarefas para revisar as "Regras de discussão". Ter regras para discutir irá ajudá-los a minimizar os problemas.

*Notas ao mentor: Apêndice 7 do caderno de tarefas a seguir.*

# Apêndice 7
## Regras de discussão

1. Fale em um tom de voz calmo.
2. Não interrompa.
3. Não fale de coisas do passado.
4. Não culpe.
5. Não xingue.
6. Não critique.
7. Use argumentos com "Eu sinto", ao invés de atacar falando "Você..."
8. Fale sobre *seus* sentimentos, não do seu conjugue.
9. Nunca ameace.

Alguma pergunta sobre as regras? Trabalhem incorporando essas regras no cotidiano de vocês.

**2. Fale sobre outro conflito de menor escala que possuam em seu casamento que não precisa ser resolvido (um conflito pequeno é um conflito que não causa danos ao casamento, algo que possa desaparecer com o tempo).**

Pequenos conflitos não precisam ser resolvidos formalmente. Qualquer coisa que não causar brechas em seu relacionamento é algo pequeno. Conflitos menores podem ser acertados através de uma negociação na conversa de vocês. Por exemplo, suponham que estão indo jantar fora, mas descordam sobre o local. Um pode escolher 3 opções e o outro escolhe dentre as 3 apresentadas. Ou podem revezar.

**3. Liste um ou mais conflitos moderados em seu casamento (um conflito moderado é um conflito que não ameaça um casamento saudável, onde a solução gerar mais harmonia).**

Uma ferramenta boa para resolver esses conflitos é usar a prática -*Comece ou pare,* e *continue*. O conjugue que se sentir incomodado escolherá sabiamente um momento quando irão estar mais calmos e poderão pacificamente discutir a questão. Então o conjugue, amavelmente, explicará o problema e pedirá para seu conjugue tomar uma atitude específica ou parar a atitude indesejada. Depois irão expressar o que gostariam que seu conjugue continuasse fazendo. Basicamente, o conjugue estará apresentando uma crítica construtiva de uma forma amável, na hora certa. É um modo de resolver um conflito moderado. Lembre-se que deve usar as regras "Regras de discussão" do apêndice 7.

4. **Liste um ou mais conflitos graves em seu casamento (um grave conflito é uma questão significante que se deixada sem solução causa danos em um casamento saudável; um conflito recorrente que causa brigas frequentemente).**

Leia o apêndice 8 de seu caderno de tarefas. "Dez regras para resolver conflitos". É um teste com tempo calculado, muito efetivo para resolver conflitos no casamento. Vamos dar uma olhada de perto nas "Dez regras para resolver conflitos".

*Nota ao mentor: Apêndice 8 do caderno de tarefas a seguir.*

---

## Apêndice 8
## Dez regras para resolver conflitos

1. Defina o problema a ser resolvido.
2. Marque uma hora para o encontro.
3. Marque em um local privado.
4. Comecem em oração.
5. Cada um deve compartilhar sua posição.
6. Cada um aponte o que ela ou ele faz para contribuir para o problema.
7. Cada um aponte o que ela ou ele pode fazer para ajudar a resolver a questão.
8. Concordem em uma solução aceitável para ambos.
9. Anotem a solução.
10. Terminem orando.

**Aqui estão alguns pontos finais antes de resolver um conflito:**

- Tenham a certeza de marcar a conversa para resolver esse conflito em uma hora em que as emoções estiverem mais tranquilas, havendo um intervalo para pensarem sobre o que vão falar.
- Cada um de vocês deve iniciar em oração. Se você se sente desconfortável com oração, a oração pode ser simplesmente "Por favor Deus, Esteja conosco."
- Se olhem e deem as mãos.
- Tenham a certeza que estão cumprindo os passos antes de irem para o próximo.
- Lembrem de ler "Dez regras para resolver conflitos" com frequência para não pularem etapas.

- Quando concordarem nas ações que tomarão para resolverem o conflito, escrevam em um cartão 3x5 e o coloquem em um local à mostra para ajudar vocês a permanecerem diariamente no compromisso.

- Vocês possuem alguma pergunta sobre o CAPÍTULO 12?

## Comentários finais

- Lembre o casal sobre os 2 encontros que são obrigatórios.
- Marquem a hora da próxima reunião.
- Como dever de casa adicional, peça ao casal acessar www.marriagebygod.org e assistir o vídeo sobre solução de conflitos para a próxima sessão.
    Se o casal citou um problema grave quando respondeu à pergunta número 4, peça que eles marquem um momento entre eles para seguirem o modelo do apêndice 8, "Dez regras para resolver conflitos"
- Terminem orando.

# Sessão V

Capítulo 13: Intimidade emocional

Capítulo 14: Intimidade física

Capítulo 15: Protegendo seu casamento do adultério

**Antes de se encontrarem**

No começa da sessão pergunte ao casal como eles foram no compromisso de resolver o conflito da semana passada.

É esperado que nesse momento o casal já esteja confortável em compartilhar informações com vocês. Mesmo assim, eles podem estar relutantes em se aprofundarem, especialmente casais que precisam mais desse capítulo. Se desconfiarem que eles estão evitando de compartilhar o que for mais profundo, deem a eles um tempo extra para responderem. Não temam os momentos de silêncio. Vocês também podem fazer perguntas de seguimento para ajuda-los a se abrirem mais. Lembrem, o sucesso da mentoria está baseado na vontade de comunicar abertamente e honestamente um com o outro.

- É importante que a cada semana você leia as notas ao mentor de cada 3 capítulos, para compreender o propósito de cada questão do capítulo. Além disso, pode ajudar você a se familiarizar com o assunto do capítulo no caderno de tarefas do casal.

# CAPÍTULO 13
## Intimidade emocional

- **Pergunte a eles como se saíram na solução de conflitos.**
- **Pergunte a eles se foram no encontro. Ambos precisam sair em um encontro antes da sessão 6.**
- **Pergunte se oraram juntos.**
- **Pergunte se completaram a tarefa de rei/rainha por um dia.**

1. Avalie com precisão as afirmações seguintes com as siglas:

QS= Quase sempre.
AV= Às vezes
PM= Precisa melhorar

| Afirmação | Nota |
|---|---|
| **Eu me sinto emocionalmente conectado(a) e compreendido(a) pelo conjugue.** <br><br> Se você não se sente conectado(a), o que faria você se sentir conectado(a)? | |
| **Eu me sinto confortável e seguro(a) em compartilhar meus pensamentos profundos e sentimentos com meu conjugue.** <br><br> Se você está desconfortável em compartilhar seus pensamentos mais profundos, o que você teme? | |
| **Eu confio em meu conjugue para ouvir e guardar minhas confidências.** <br><br> Se a confiança está faltando, o que seu conjugue pode fazer para reconstruir sua confiança? Você precisa dar uma dica para seu conjugue. | |

**Eu sinto que me conjugue me conhece mais do que qualquer outra pessoa.**

> Se você não sente que se conhecem, invista um tempo especial juntos compartilhando seus sonhos.

**Nós tomamos decisões importantes juntos como um time.**

> Deus quer que vocês trabalhem em equipe-dois sendo um. Você não pode viver uma intimidade emocional se você não é uma equipe com seu conjugue. Duas cabeças são sempre melhores que uma.

**Nós nos relacionamos sabendo que nós estamos de baixo da autoridade de Deus e um do outro.**

> Se você ver que seu conjugue precisa de uma correção, faça de forma gentil e entre vocês dois. Esteja receptivo a receber uma exortação do seu conjugue. Suas falhas são sua responsabilidade, se responsabilize por elas. Não dê desculpas. Agradeça seu conjugue por mostrá-las.

**Nós oramos juntos regularmente.**

> Orar junto regularmente de todo o coração cria uma ligação espiritual. O que está no caminho disso ocorrer?

2. **Quais comportamentos e reações atrapalham a intimidade emocional em seu casamento (como sarcasmo, se evitarem, ser passivo-agressivo, crítico, murmurar, ficar com raiva, ou questões familiares)?**

Você precisa identificar o problema antes que você possa corrigi-lo. Depois de identificar o problema, você deve consertá-lo, fazer um plano e depois seguir o plano.

3. **Como ficaria seu casamento se melhorassem na intimidade emocional? Quais mudanças você gostaria que ocorressem?**

*Nota ao mentor: Deixem-nos compartilhar detalhes. Se a resposta for muito breve, encoraje-os a continuar compartilhando.*

4. **Complete a afirmação, "Isso é o que eu gostaria que soubesse sobre mim para que me compreendesse melhor..."**

Parte de desenvolver um relacionamento mais íntimo e uma compreensão melhor um do outro é conversar abertamente e honestamente sobre seus pensamentos pessoais e sentimentos.

- Você tem alguma pergunta sobre o CAPÍTULO 13?

# CAPÍTULO 14
## Intimidade física

1. **Você está gostando da intimidade sexual que vocês vivem, de uma forma agradável como explicado acima. Se não, qual é o fator perturbador? (Alguns exemplos podem ser fadiga, estresses da vida, respostas negativas do conjugue, auto estima baixa, performance ansiosa, dor, questões de saúde, medicação ou falta de intimidade.) Explique.**

Deus deu a nós o presente do sexo dentro do casamento para que possamos celebrar a parceria de unidade corporal com nosso conjugue. Se não estivermos vivendo isso, Deus quer mais de vocês e quer que resolvam esta questão abertamente com conversas. Isso significa compartilhar frustrações, questões médicas e inseguranças também.

2. **Você se sente confortável em discutir suas necessidades sexuais com seu conjugue?**

A satisfação sexual mútua requer o egoísmo e o altruísmo. Grandes amantes conhecem seus corpos e apreciam seus sentimentos sexuais, assim como também sentem prazer em satisfazer o conjugue. Lembrem-se, vocês não podem ler a mente um do outro. Vocês precisam compartilhar honestamente um com o outro. Continuem compartilhando porque o que for bom em um momento pode não ser bom em outro momento, especialmente para as mulheres.

Não ache que compartilhar suas necessidades e vontades tirará o romance da experiência. Pelo contrário, isso permitirá uma intimidade maior. O objetivo é combinar o que ambos desejam para criar uma satisfação na vida amorosa de vocês. Você precisa ser honesto e aberto com seu conjugue para viver a satisfação sexual que Deus criou para você desfrutar em seu casamento.

3. **Você se sente confortável em ficar nu(nua) na frente de seu conjugue?**

Somos bombardeados por imagens de corpos perfeitos nas mídias que até os modelos e artistas não conseguem alcançar o padrão muitas vezes. Isso pode colocar muita pressão em nós, como se tivéssemos que parecer com as fotos que vemos nas revistas, anúncios e na televisão. Mulheres, não importa se são lindas ou não, tendem a se sentir inseguras com sua aparência. Homens são visualmente estimulados e apreciam ver suas esposas nuas. Precisamos ter 2 coisas em foco. Primeiro, Deus nos criou da forma que somos e devemos aceitar como somos, sem nos comparar com outros. Nosso conjugues nos escolheram dentre bilhões de pessoas no mundo. Segundo, nós devemos ser bons mordomos do corpo que Deus nos deu. Nós precisamos dar atenção a saúde, dieta e exercícios para que possamos apresentar nosso melhor para o nosso conjugue.

4. **Você tem desejo sexual com mais ou menos frequência que tem relações? Você acha que seu conjugue deseja menos ou mais intimidade sexual?**

O desejo por intimidade sexual dentro do casamento é raramente igual para os dois. Nossas diferenças biológicas influenciam muito. Um marido é visualmente estimulado e pode se tornar facilmente excitado só de ver o corpo de sua esposa. Ele consegue atingir satisfação sexual em segundos com um estímulo apropriado. Os hormônios das mulheres mudam ao longo do mês e podem afetar o desejo sexual. Leva mais esforço para a mulher obter satisfação sexual. O tipo e duração do estímulo uma esposa precisa durante as preliminares pode variar grandemente de um momento para outro.

Amor Divino requer sacrifício pessoal, comunicação e acordo. Não ignore as necessidades de seu conjugue. Ofereça seu corpo como um presente, não dê desculpas, como estar muito cansado(a), estar muito ocupado(a), estar(chateado(a), estar com dor de cabeça (pesquisas mostram se você tem uma dor de cabeça, fazer amor ajuda a se livrar dela!). Exigir ou recusar sexo no casamento é inapropriado. Quando isso ocorrer, você está usando o presente que Deus deu a vocês de forma errada. O amor requer que priorize as necessidades do seu conjugue ao invés das suas.

5. **Quais são formas criativas de você manter o romance vivo em sua relação?**
É importante continuar sempre mantendo o romance vivo com seu conjugue. Esposas adoram ser procuradas e se sentirem especiais. Você irá se sentir mais completo quando tiver essa sensação de unidade com seu parceiro.

A necessidade por romance não é sempre igual. Mesmo que não seja tão necessário para você, você também não gostaria de ver o esforço investido em uma atmosfera romântica? Você não gostaria de ver seu conjugue fazer coisas engraçadas e românticas para fazer com que a experiência fosse mais especial?

Embora rápido, encontros apaixonantes podem ser legais no casamento, nunca perca a arte de romancear as situações.

- Você tem alguma pergunta sobre o CAPÍTULO 14?

# CAPÍTULO 15
## Protegendo seu casamento do adultério

1. **De quais formas você tem contato com amigos, sócios, do trabalho ou não, do sexo oposto, individualmente, sem seu conjugue saber.**

- ligações por telefone
- e-mail
- mensagens-SMS/Whatsaap etc
- Comentários em posts do Facebook ou outra mídia.
- Mensagem privada do Facebook (ou outra mídia)
- Um cafezinho no intervalo
- Refeições, drinks
- Reuniões de negócios
- Evento social

Fora do trabalho, nunca é apropriado você ter comunicação intensa um a um, com alguém do sexo oposto. Ou você diz "não" porque está casado(a) ou então traga o conjugue para a conversa, usando tag (mídia social), adicionando na conversa, levando a pessoa, o que for pertinente a situação. Fale para seu conjugue de conversas no telefone que não são relacionadas ao trabalho. Transparência é a chave.

Geralmente situações sociais ou profissionais face a face podem ter uma 3º pessoa. Se uma situação no trabalho não pode ser evitada, tenha certeza que irão se encontrar em um local de negócios, nunca um local mais íntimo. Além disso, atente para deixar a conversa profissional. Não permita que a conversa se torne pessoal.

2. **Liste 5 atividades ou hobbies que você gostaria de fazer com seu conjugue.**

Como um casal investir em tempo juntos ao longo dos anos vai minando a relação, os interesses e atividades vão se distanciando. É importante que continuem a achar coisas que gostem de fazer juntos. Concordem em fazer uma coisa ou duas da lista de cada um. Se tiverem dificuldade com isso, vocês podem escolher 2 de 5, mas selecionem das 3 opções restantes.

3. **Existe algum relacionamento fora do casamento que precise de limites? Quais passos ativos você sugere para colocar isso em ordem?**

Às vezes o conjugue pode sentir intuitivamente quando tem uma relação no meio do casal, ou uma pessoa do sexo oposto que está se aproximando. O casal pode ser inocente, mas a outra pessoa pode não estar com as intenções corretas. Ou, o que pode ser inocente no momento pode vir a ser algo que cause problemas no futuro. Pensando no amor e respeito pelo conjugue, tome decisão imediata e apropriada para proteger seu casamento.

## 4. Qual é a sua atitude perante a pornografia?

A maioria das pessoas hoje em dia já viu pornografia. Se o marido estiver sendo resistente a admitir algo deve estar errado. Pode explorar mais o assunto então.

Se ambos possuem uma atitude aberta sobre o tema então os ajude a entender que é como convidar uma outra pessoa para o quarto deles. Se isso é um problema no casamento deles, então deverá ser exposto para um aconselhamento profissional.

## 5. Você e seu conjugue tem total acesso às mídias sociais um do outro? Vocês de vez em quando checam o histórico do outro na internet?

Esse tema é muito importante no casamento. A chave aqui é a transparência e confiança. Compartilhe suas senhas com seu conjugue e permita que veja o histórico quando quiser. Até o Facebook pode gerar relações inapropriadas se não seguirem as precauções corretamente.

## 6. Você está confortável com o tempo que seu conjugue passa longe de você? Explique.

Às vezes casais podem sem querer querendo se tornar casais separados. Querer passar tempo juntos é importante. Faça com que seu lar seja confortável e acolhedor para ambos. Cumprimente o outro amavelmente no final do dia. Se seu conjugue quer atuar em atividades extras, depois do trabalho e você pode estar presente, então esteja como participante ou torcedor para apoiar. Se seu conjugue precisa trabalhar por horas longas durante uma época, encontre-o(a) para uma refeição ou surpreenda-o(a) levando um agrado.

- Você tem alguma dúvida sobre o CAPÍTULO 15?

Nesse momento, os meninos irão se reunir em outro ambiente enquanto as meninas irão se juntar no ambiente que estão.

*Nota ao mentor: o propósito de se separarem é essencial.*

1. Discutam algo entre vocês, com o marido, ou com a esposa, que não discutiriam em casal.
2. Pergunte ao marido ou esposa se eles têm perguntas para você que eles queiram perguntar sem o conjugue presente.
3. Revise as 10 formas de ser uma esposa/marido fantástico no Apêndice 9 ou 10.

*Nota ao mentor: Apêndice 9 e 10 do caderno de tarefas começa a seguir.*

# Apêndice 9
## Dez formas de ser uma esposa fantástica

1. Acredite em seu marido e seja sua fã número 1.
2. Seja cuidadosa para não resmungar sobre ele. Vá a Deus para mostrar suas reclamações. Peça a Deus para te dar unidade no casamento.
3. Não é incomum para o marido ter mais desejo sexual que a esposa. Cuide das necessidades sexuais de seu marido.
4. No primeiro dia de cada mês escreva no calendário: "Como deve ser estar casado comigo?"
5. As pessoas têm a tendência a serem o que nós falamos que são. Diga para seu marido que ele é ótimo amigo, marido e amante. Ele não vai te decepcionar.
6. Quando chegar o fim do dia, e se verem, se falem de forma amável.
7. Homens são visuais, faça o melhor para cuidar de você, fique atraente para ele.
8. Lembre-se de se comunicar na linguagem de amor dele.
9. Compartilhe os mesmos hobbies com ele, seja a mulher legal e divertida com quem ele casou.
10. Coloque Cristo no centro da sua vida e no centro do seu casamento.

# Apêndice 10
## Dez formas de ser um marido fantástico

1. Sempre mostre para sua esposa o quanto ela é especial.
2. Evite ser muito crítico, o que você pode achar que é crítica construtiva, ela pode ver como um ataque.
3. Se você quiser ter uma vida sexual ótima, você deve sempre manter o romance no ar em sua relação. Leve sua esposa a encontros, namore ela!
4. No primeiro dia de cada mês escreva no calendário: "Como deve ser estar casado comigo?"
5. Escreva o aniversário de sua esposa, o aniversário de vocês, o dia dos namorados e coloque as datas no calendário. Agende um lembrete para cada dia 31 de dezembro para adicionar essas datas para o ano seguinte no calendário.
6. Elogie sua esposa, a aparência dela. Ela sabe que você visual. Seus elogios são importantes para ela.
7. As pessoas têm a tendência a ser o que nós falamos que são. Diga para sua esposa que ela é ótima amiga, esposa e amante. Ela não vai te decepcionar.
8. Lembre-se de se comunicar na linguagem de amor dela.
9. Sua esposa precisará falar. Guarde tempo para ser um bom ouvinte. Muitas vezes ela não vai querer uma solução, apenas vai querer falar. Valorize isso e a opinião dela.
10. Coloque Cristo no centro da sua vida e no centro do seu casamento.

Após revisar as dez formas de ser um marido ou uma esposa fantástica(o), vocês quatro deverão voltar juntos para terminar a sessão.

## Comentários finais

- Lembre o casal sobre os 2 encontros que são obrigatórios. Essa é a última chance deles para completar essa tarefa.
- Marquem a hora da próxima reunião.
- Terminem orando.

# *Sessão VI*

Capítulo 16: Finanças

Capítulo 17: Metas do casamento

Capítulo 18: Mantendo a chama acessa

### Antes de se encontrarem

Dependendo de sua habilidade em finanças, você pode se sentir confortável em revisar o orçamento (*Budget*) do seu casal e também os extratos de gastos (documentos com demonstração financeira) ou você pode escolher por pular essa etapa. Mas tenha certeza que eles completaram os dois.

A não ser que finanças seja algo em que são muito bons, nós aconselhamos que eles se inscrevam num curso do Dave Ramsey ou no Crown Ministry Workshop. As informações para ambos cursos estão no caderno de tarefas deles.

Como mentores, tenham certeza de fechar esse curso de forma positiva. Alguns mentores levam o casal para jantar ou almoçar. Se escolherem fazer isso, seria melhor na 7º reunião, não na última sessão.

Vocês fizeram um trabalho lindo para Deus. Quando um casamento melhora pode afetar gerações futuras de forma positiva. Que vocês sejam abençoados por isso!

- É importante que a cada semana você leia as notas ao mentor de cada 3 capítulos, para compreender o propósito de cada questão do capítulo. Além disso, pode ajudar você a se familiarizar com o assunto do capítulo no caderno de tarefas do casal.

# CAPÍTULO 16
## Finanças

- Pergunte ao seu casal se foram no encontro deles. Eles já devem ter cumprido essa parte até agora.
- Pergunte se eles oraram juntos.
- Pergunte se eles completaram a tarefa de rei/rainha por um dia nessa semana.

1. **Em uma escala de 1 a 10 (10 sendo o melhor), como é sua habilidade de administrar dinheiro?**

Se ambos estão abaixo de 6 e 7, eles devem buscar aconselhamento financeiro. Duas excelentes fontes que você pode indicar para seu casal que deverá ajudá-los a resolver essas questões: www.daveramsey.com e www.crown.org.

2. **Qual dos dois paga as contas? Porque?**

Quem for mais responsável deverá pagar as contas todo mês. Porém, a questão de finanças deve ser um trabalho de equipe. Planeje um momento todo mês para sentarem juntos e revisarem o orçamento. Vocês devem estar cientes da situação financeira.

3. **Preencha a lacuna. Eu acho que uma despesa discricionária acima do valor seguinte deverá ser acordada por ambos, marido e mulher:**

R$_____

Não é tão importante a quantia, mas sim estarem de acordo com a quantia. Uma coisa para lembrarem sempre é que irão valorizar as coisas de formas diferentes. Um de vocês pode valorizar muito a compra de roupas, o outro pode valorizar mais a compra de vídeo games.

Lembrem-se que a despesa discricionária não é para necessidades. É uma despesa para ser usada depois de terem cumprido com as obrigatoriedades comuns. Vocês provavelmente terão formas diferentes de gastar o dinheiro extra que possuírem.

4. **Identifique no que seu conjugue gasta dinheiro que você não entende o motivo e a importância.**

A esposa pode ter problemas para entender porque seu marido gasta R$400 em um taco de golfe. Assim como também o marido pode não entender porque a esposa gasta R$400 em uma bolsa. Tente fazer seu casal gastar dinheiro dentro do orçamento e não impulsivamente.

5. Se vocês ganharam uma quantia de R$50,000 em um sorteio, o que vocês fariam como um casal?

6. **Qual o seu *Score* de crédito?**

O *Score* de crédito *(referência americana FICO scores)* varia de 350 a 850. Uma média seria de 680 e qualquer valor acima de 720 é considerado excelente. Se você não está ciente de seu *Score* de crédito, você pode obtê-lo online gratuitamente através do link www.CreditKarma.com. Seu Score de crédito é um bom indicador de quão bem você está administrando suas finanças.

7. **Qual é a sua maior preocupação com relação a finanças?**

8. **Completem um orçamento anual e um documento com a demonstração financeira do patrimônio líquido, façam isso juntos como casal. Vocês podem usar o guia na próxima página para ajudá-los.**

Garanta que o seu casal tenha completado o orçamento anual e o documento de demonstração financeira juntos. Dependendo de suas habilidades financeiras, vocês podem se sentir confortáveis em revisar com eles os documentos, ou não. Encorajem o casal de vocês a continuar aprendendo sobre finanças se inscrevendo numa aula do Dave Ramsey ou em um curso do Crown Ministries. São oferecidos em igrejas locais.

- Você tem alguma pergunta sobre o CAPÍTULO 16?

# CAPÍTULO 17
## Metas do casamento

1. **Qual versículo Bíblico você gostaria de usar para memorizar este ano? Este versículo deve focar em ajudar você a melhorar em uma área de sua vida.**

Imagine o quanto pode melhorar se decorar um versículo por ano.

2. **Liste algumas ideias para suas metas nas áreas seguintes:**

| Tipo de meta | Ideias |
|---|---|
| Espiritual | |
| Tempo de qualidade | |
| Família | |

| Tipo de meta | Ideias |
|---|---|
| Férias | Lembre- se, você não precisa sair da cidade para ter férias. |

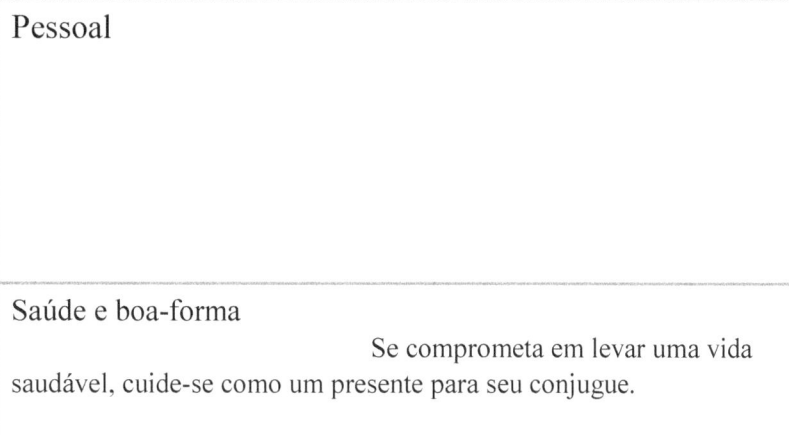

| Pessoal |
| --- |
| |
| Saúde e boa-forma |
| Se comprometa em levar uma vida saudável, cuide-se como um presente para seu conjugue. |

3. **Marque um encontro com seu conjugue para desenvolver metas de casal para o próximo ano. Escreva datas específicas, hora e local abaixo.**

- **Você tem alguma dúvida sobre o CAPÍTULO 17?**

# CAPÍTULO 18
## Mantendo a chama acesa

Garanta que o seu casal marque data para revisar as 21 perguntas abaixo.

*Nota ao mentor: as 21 perguntas e explicações do caderno de tarefas- começam a seguir.*

## Vinte e uma perguntas

1. **Os 3 tipos de amor (Eros, Filos, Ágape) estão presentes em seu casamento?**

Revise a lista de 10 coisas que você ama em seu conjugue. Discutam como você pode expressar os 3 tipos de amor de forma integral. Deixe a lista disponível para consultar sempre. Sempre que ficar desanimado com seu casamento leia a lista. Uma coisa que ajuda muito quando se está decepcionado com o conjugue é substituir um pensamento negativo por pensamentos de gratidão. Estudos mostram que somente podemos focar em 1 emoção por vez. Escolha amar. (Capítulo 2)

2. **Vocês já perdoaram tudo que tinham para perdoar?**

Garanta que o perdão transborde livremente entre vocês, para conflitos grandes ou pequenos. Pratique o perdão, não colecione mágoas. Deus perdoou nossos pecados. Ele quer que a prática do perdão esteja ativa entre nós. "Suportem-se uns aos outros e perdoem as queixas que tiverem uns dos outros. Perdoem como o Senhor lhes perdoou. " (Colossenses 3;13). Nós perdoamos pela fé, por obediência a Deus. Deus quer que amemos o próximo e Ele. Esse amor que Ele fala é uma escolha, não um sentimento. Nós precisamos confiar em Deus para que Ele cumpra a vontade Dele em nós. Faça com que a questão seja entre você e Deus, não entre você e seu conjugue. Volte seu coração para Deus. Corrie tem Boom, uma cristã que sobreviveu a um campo de concentração nazista, diz que "o perdão é a chave para abrir a porta do ressentimento e as algemas do ódio. É um poder que quebra as correntes da amargura e os grilhões do egoísmo.[1]" Uma das ações mais amáveis que você pode ter é perdoar. (Capítulo 3).

### 3. Você está vivendo o propósito bíblico para maridos e esposas, de acordo com Efésios 5;21-33?

Nós precisamos entregar nossas vidas em adoração a Cristo. Uma hora ou outra, a esposa irá ter que dar satisfações a Deus com relação a seu comportamento perante seu conjugue se está sendo submissa a liderança de seu esposo, se ele está ou não tomando decisões boas. O marido também irá ter que dar satisfações a Deus em como ele está tratando sua esposa, independentemente se ela o respeita ou não/se é submissa ou não.

Quando seu conjugue escorregar em sua vida com Deus, no casamento, leve suas frustrações ao altar de Deus. Confie em Deus para suprir suas necessidades e Ele te encherá de amor para levar para dentro de sua relação. Fazendo isso, ao invés de esperar perfeição, você estará olhando para a resposta perfeita do Deus perfeito. (Capítulo 4)

---

1 Corrie tem Boom, Clippings from my notebook, (Nashville: Thomas Nelson, 1982),19.

### 4. Vocês estão orando juntos com frequência?

Se não estiverem, marquem um momento pelo menos uma vez na semana para orarem juntos. Lembrem, Deus quer abençoas seu casamento além de sua imaginação, mas você precisa convidá-lo a entrar e seguir à vontade Dele. Não há nada mais importante que colocar Deus no centro de seu casamento. (Capítulo 4)

### 5. Você continua a compartilhar com seu conjugue como ele ou ela pode orar por você?

Oração é uma das formas mais amáveis e expressões íntimas que pode ser trocada entre um marido e esposa. Depois que vocês compartilharem os pedidos de oração um com o outro, orem em voz alta juntos pelo outro. (Capítulo 4)

### 6. Seu conjugue está atendendo suas necessidades?

Você pode desejar encontros toda semana, tempo de qualidade para conversar, se divertir, ter sexo, ser mais transparente com as finanças, cozinhar juntos, fazer mais exercício, ficar mais com a família e amigos, ouvir mais afirmações positivas, ter mais conversas íntimas, abertas e honestas. Compartilhe seus desejos de uma forma amável com seu conjugue.

Nós não devemos olhar para nosso conjugue achando que ele ou ela tem o dever de nos fazer felizes. Existem momentos quando você deve compartilhar expectativas e necessidades com seu conjugue, e existem momentos em seu casamento quando será mais vantajoso tirar o foco de fazer suas necessidades serem atendidas, criando expectativas em Deus. Filipenses 4;19 nos assegura, "Deus irá atender todas suas necessidades de acordo com suas gloriosas riquezas em Cristo Jesus." Livro de Bob e Judy Hughes, *Love Focused*, é um excelente livro para entender esse conceito melhor. Eles também possuem um estudo Bíblico que vocês podem fazer juntos. (Capítulo 5)

### 7. Vocês escolheram um rei / rainha do dia?

Compartilhe com seu conjugue o que você gostaria que ele ou ela fizesse para você em seu dia. Fique atento para atender os desejos de seu conjugue no dia dele/dela. Lembre-se, isso realmente pode ser um desafio para você! (Capitulo 5)

### 8. Existe alguma área em que seu conjugue não está sendo bem-sucedido no casamento?

Deus dá instruções específicas para maridos amarem suas esposas assim como Cristo amou a igreja e também instrui as esposas a respeitarem seus maridos e serem submissas a liderança deles na família. De forma amável, conversem sobre áreas que precisam melhorar e compartilhem o que "melhorar" significa nesse caso específico. (Capítulo 5)

### 9. Na maioria das vezes estão vivenciando a parte boa do casamento?

Casamento tem momentos, a parte boa, maré boa -uma doçura na relação ou quando tudo está meio azedo, esquisito. Se vocês não estão na maioria do tempo aproveitando a parte boa, revejam as 18 habilidades para permanecerem nessa maré boa do casamento. Lembrem-se que se estiverem se divertindo então está tudo bem, se divertir é um bom sinal. (Capítulo 6)

### 10. Vocês estão lidando efetivamente com a incompatibilidade de vocês?

Um bom casamento não é baseado em casar com alguém compatível, porque Deus não cria ninguém perfeitamente compatível; é baseado no aprendizado de como lidar efetivamente com suas incompatibilidades. Tente fazer com que isso vire seu mantra. Se estão com dificuldades nessa área, em suas incompatibilidades, considerem fazer o teste Myers-Briggs Type Indicator. Instrumento que identifica seu estilo de personalidade (http://www.16personalities.com oferece teste gratuito online). Lembrem-se não há certo e errado. Ambos são imagem de Deus. Se esforcem para se tornarem mais compreensivos com o fato de que ambos encaram a vida de forma diferente. (Capítulo 7)

### 11. As diferenças de homem e mulher estão causando atrito em seu casamento?

Homens e mulheres possuem sistemas operacionais diferentes. Nós nunca vamos entender completamente o sexo oposto, mas podemos nos educar a entender o que é importante pro outro. Deus quer que nossas diferenças se complementem e completem o outro no casamento ao convivermos juntos. (Capítulo 8)

### 12. Em uma escala de 1 a 10, o quão cheio está seu "tanque do amor"? O que seu conjugue pode fazer para ser um 10?

Lembre-se de falar com seu conjugue na linguagem de amor dele(a). Lembre seu conjugue de falar com você na sua linguagem também. Vocês podem querer ler o livro "As cinco linguagens do amor" do autor Gary Chapman. (Capítulo 9)

### 13. Existe alguma questão de família que está causando problemas em seu casamento?

Conversem sobre como aliviar tensões familiares. Garantam que a relação de vocês seja prioridade e que estejam unidos. Quando problemas familiares surgirem, encarem juntos. Orem juntos e conversem sobre isso juntos. Se necessário, busquem ajuda profissional. Finalmente, mantenham as coisas em perspectiva, não aumentem o que é pequeno. Se não será algo que vai mudar a vida se seu filho de forma extrema, consequências naturais podem ser o melhor professor. Se familiares distantes estiverem causando problemas, mantenha um limite para proteger sua família mais próxima. (Capítulo 10)

### 14. Vocês estão se comunicando bem?

Conteúdo, tom e linguagem corporal são todos aspectos importantes de comunicação, mas escolher e ouvir o tempo apropriado para se ter uma conversa mais sensível também é importante. Trabalhem em qualquer fraqueza que tiverem na comunicação. Quando casais estão tendo problemas com a comunicação, normalmente é porque isso é um sintoma de uma questão ainda maior. Tente identificar o problema maior e daí tentem resolver com as ferramentas oferecidas nesse programa, (como as dez regras para resolver conflitos-apêndice8). Acima de tudo, sempre fale com seu conjugue de forma afetuosa. (Capítulo 11)

### 15. Vocês têm alguma questão mal resolvida no casamento de vocês?

Conflitos ocorrem em todos os tamanhos e jeitos. Em conflitos moderados, use o método *Comece ou pare, continue*. Se vocês estão passando por um conflito grande, marque uma hora para usarem as "Dez regras para resolver conflitos", no apêndice 8. (Capítulo 12)

### 16. Você está aproveitando a intimidade emocional que você quer com seu conjugue?

Você deve se sentir segura compartilhando seus pensamentos íntimos e sonhos um com o outro. É como se falasse, "Veja dentro de mim". Crescer nessa área pede por um esforço contínuo e investimento em sua relação. (Capítulo 13)

### 17. Vocês têm uma vida sexual vibrante?

Se sua vida amorosa não é como sempre desejou, a melhor forma de melhorar a intimidade física é se comunicando abertamente e honestamente um com o outro. Comunique seus desejos com seu conjugue. Seja atento e amável em realizar os desejos de seu conjugue. Tente algo legal, como tomar banho juntos. (Capítulo 14)

### 18. Seu casamento é protegido contra adultério?

É tarde demais proteger o casamento de uma traição depois que já ocorreu. Proteja seu casamento mantendo os limites certos. Conversem para saber se existe alguma área para ser discutida.

**19. Suas finanças estão saudáveis?**

Sejam transparentes com os gastos. Reconheçam que terão formas de pensar diferentes com relação a gastar. Façam com que tudo se encaixe no orçamento, sejam compreensivos com suas diferenças. Orçamento e extratos dos gastos são formas boas de se manter nos trilhos. Uma ferramenta boa para se ter orçamento e manter a transparência é http://www.mint.com. Se vocês precisarem de ajuda extra muitas igrejas oferecem o curso Crown Ministries ou do Dave Ramswey. Procure por informações nos links seguintes: www.daveramsey.com e www.crown.org. (Capítulo 16)

**20. Vocês estabeleceram metas como casal?**

Um dos pilares do programa é ter um casamento intencional. Relacionamentos ou melhoram ou vão pioram. Nunca é o mesmo. É importante buscar sonhos e metas como casal. Para que isso ocorra você precisa estabelecer metas e tomar passos importantes. Para que metas realmente se concretizem elas precisam estar escritas e precisam ser revisadas para haver um progresso. (Capítulo 17)

**21. Vocês estão envolvidos em algum grupo pequeno para casais?**

Amizade com outros crentes é um dos meios que Deus usa para compartilhar Sua verdade conosco. Ter comunhão com outros cristãos casados poderá ajudar a enriquecer seu casamento através de experiências compartilhadas e insights divinos. (Capítulo 17)

---

**Por favor, responda as perguntas seguintes independentemente de seu conjugue. Não compare as respostas.**

1. **Fazendo um inventário de seu casamento, hoje, usando as perguntas acima, quais áreas você identifica como necessitadas de crescimento?**

2. **Coloque uma data em seu calendário para uma avaliação bimestral, e fique atento. Escreva a data abaixo.**

- Alguma pergunta no Capítulo 18?

## Comentários finais

- Sua mentoria está agora completa. Este programa não foi planejado para solucionar todo o problema que você tem. Foi planejado para dar a você uma ideia boa do que Deus quer, para que você saiba quais ações tomar para se ter um casamento realizado. Vocês precisam continuar sendo intencionais no casamento. Um comentário final: Lembrem-se de manter o principal, o que é o principal? **Manter Cristo no centro de seu casamento.**

- **Terminem em oração. Sugerimos que o mentor homem ore.**

www.ingramcontent.com/pod-product-compliance
Lightning Source LLC
Chambersburg PA
CBHW060427010526
44118CB00017B/2398